La chaise berçante

Abraham Moses Klein

La chaise berçante

traduit de l'anglais par Marie Frankland

Éditions du Noroît

Le Noroît souffle où il veut, en partie grâce aux subventions du Conseil des Arts du Canada et de la Société de développement des entreprises culturelles du Québec.

Les Éditions du Noroît bénéficient également de l'appui du Programme de crédit d'impôt pour l'édition de livres du gouvernement du Québec (gestion SODEC).

Artiste : Violaine Gaudreau, *Va-et-vient*, Galerie Simon Blais
Infographie : Geneviève Desautels

Dépôt légal : 3e trimestre 2006
Bibliothèque et archives nationales du Québec
Bibliothèque nationale du Canada
ISBN : 2-89018-581-8

DISTRIBUTION AU CANADA
EN LIBRAIRIE
Dimedia
539, boulevard Lebeau
Saint-Laurent (Québec) H4N 1S2
Téléphone : (514) 336-3941
Télécopieur : (514) 331-3916

Éditions du Noroît
4609, rue D'Iberville, bureau 202
Montréal (Québec) H2H 2L9
Téléphone : (514) 727-0005
Télécopieur : (514) 723-6660
lenoroit@lenoroit.com
www.lenoroit.com

DISTRIBUTION EN EUROPE
Librairie du Québec
30, rue Gay-Lussac
75005 Paris
Téléphone : 01 43 54 49 02
Télécopieur : 01 43 54 39 15
liquebec@noos.fr

Imprimé au Québec, Canada

The Rocking Chair

It seconds the crickets of the province. Heard
in the clean lamplit farmhouses of Quebec,—
wooden,—it is no less a national bird;
and rivals, in its cage, the mere stuttering clock.
To its time, the evenings are rolled away;
and in its peace the pensive mother knits
contentment to be worn by her family,
grown-up, but still cradled by the chair in which she sits.

It is also the old man's pet, pair to his pipe,
the two aids of his arithmetic and plans,
plans rocking and puffing into market-shape;
and it is the toddler's game and dangerous dance.
Moved to the verandah, on summer Sundays, it is,
among the hanging plants, the girls, the boy-friends,
sabbatical and clumsy, like the white haloes
dangling above the blue serge suits of the young men.

It has a personality of its own;
is a character (like that old drunk Lacoste,
exhaling amber, and toppling on his pins);
it is alive; individual; and no less
an identity than those about it. And
it is tradition. Centuries have been flicked
from its arcs, alternately flicked and pinned.
It rolls with the gait of St. Malo. It is act

LA CHAISE BERÇANTE

Elle est l'écho des criquets de la province,
Sous la lampe claire des fermes du Québec,
Elle est un oiseau national de bois qui grince,
Elle rivalise, dans sa cage, l'horloge qui hoquette.
Les soirées s'écoulent selon son mouvement ;
Et la mère pensive que le va-et-vient apaise
Tricote le bien-être que porteront ses enfants
Qui, même grands, restent bercés par cette chaise.

Elle est pour le père, comme sa pipe, une complice,
Il médite ses plans et calcule à sa cadence,
Puis ses plans se bercent, se gonflent en bénéfices ;
Et pour bébé, elle est un jeu, une dangereuse danse.
L'été, placée sur la véranda les dimanches
Elle est, parmi les plantes, les filles, leur amoureux,
Sabbatique et gauche, comme les auréoles blanches
Planant au-dessus des habits de serge bleu.

Elle a sa personnalité à elle ;
Tout un personnage (comme Lacoste, le vieil ivrogne,
Au souffle d'ambre, qui toujours chancelle) ;
Elle est vivante ; individuelle ; une personne
Tout autant que celles qui l'entourent. Et elle est
Tradition. Les siècles ont pivoté sur ses arcs,
Tour à tour, fixés puis arrachés.
Elle suit le pas de Saint-Malo. Elle est acte

and symbol, symbol of this static folk
which moves in segments, and returns to base,—
a sunken pendulum: invoke, revoke;
loosed yon, leashed hither, motion on no space.
O, like some Anjou ballad, all refrain,
which turns about its longing, and seems to move
to make a pleasure out of repeated pain,
its music moves, as if always back to a first love.

Et symbole, symbole d'un peuple statique
Qui rentre au foyer après chaque segment,
Une pendule engloutie : invoque, révoque ;
Libre çà, clouée là, immobile mouvement.
Ô, comme une ballade d'Anjou, toute refrain,
Balançoire de ses rêves, elle semble se mouvoir
Pour reprendre plaisir à un même chagrin
Et revenir encore à un premier amour.

The Provinces

First, the two older ones, the bunkhouse brawnymen,
biceps and chest, lumbering over their legend:
scooping a river up in the palm of the hand,
a dangling fish, alive; kicking open a mine;
bashing a forest bald; spitting a country to crop;
for exercise before their boar breakfast,
building a city; racing, to keep in shape,
against the white-sweatered wind; and always
bragging comparisons, and reminiscing
about their fathers' even more mythic prowess,
arguing always, like puffing champions rising
from wrestling on the green.

Then, the three flat-faced blond-haired husky ones.

And the little girl, so beautiful she was named—
to avert the evil of the evil eye—
after a prince, not princess. In crossed arms cradling her,
her brothers, tanned and long-limbed.
(Great fishermen, hauling out of Atlantic
their catch and their coal
and netting with appleblossom the shoals of their sky.)

And, last, as if of another birth,
the hunchback with the poet's face; and eyes
blue as the glass he looks upon; and fruit
his fragrant knuckles and joints; of iron marrow;—
affecting always a green habit, touched with white.

Les provinces

D'abord, les deux aînés, les baraqués des cabanes[1]
Biceps et buste, débitent leur légende :
Écopent une rivière dans la paume de la main,
Un poisson, frétillant ; creusent une mine du pied ;
Crachent une récolte ; rasent une forêt du poing ;
Pour s'échauffer avant leur déjeuner de lard,
Bâtissent une ville ; font la course, pour rester en forme,
Contre le vent tricoté blanc ; et toujours
Se vantent chacun leur tour et se rappellent
Les prouesses encore plus mythiques de leurs ancêtres,
Débattent toujours, comme des lutteurs haletants
Qui se relèvent du combat.

Puis, les trois blondes camuses et costaudes.[2]

Et la petite fille[3], elle tient son nom si beau –
On dit qu'il protège du mauvais œil –
D'un prince, pas d'une princesse. Et ses frères,
Dans leurs longs bras hâlés, la bercent.
(Ces grands pêcheurs tirent de l'Atlantique
Leur prise et leur charbon
Et récoltent les poissons du ciel dans leurs filets de fleurs.)

Et, finalement, comme d'une autre naissance,
Le bossu[4] au visage de poète ; aux yeux
Bleus comme le verre qu'il regarde ; aux jointures
Parfumées de fruits ; à la moelle de fer ;
Toujours porte sa tenue verte, tachetée de blanc.

Nine of them; not counting
the adopted boy of the golden complex, nor
the proud collateral albino,—nine,
a sorcery of numbers, a game's stances.

But the heart seeks one, the heart, and also the mind
seeks single the thing that makes them one, if one.
        Yet where shall one find it? In their history—
the cairn of cannonball on the public square?
Their talk, their jealous double-talk? Or in
the whim and weather of a geography
curling in drifts about the forty-ninth?
Or find it in the repute of character:
romantic as mounties? Or discover it
in beliefs that say:
this is a country of Christmas trees?
                    Or hear it sing
from the house with towers, from whose towers ring
bells, and the carillon of laws?
Where shall one find it? What
to name it, that is sought?
The ladder the nine brothers hold by rungs?
The birds that shine on each other? The white water
that foams from the ivy entering their eaves?

Or find it, find it, find it commonplace
but effective, valid, real, the unity
in the family feature, the not unsimilar face?

Elles sont neuf; sans compter
Le fils adoptif du domaine de l'or[5] ni
L'albinos[6], un fier parent, – neuf.
Le chiffre magique, les figures d'un jeu.

Mais le cœur cherche l'unité, le cœur, et aussi l'esprit
Cherchent la seule chose qui les unit, si elle existe.
Mais où la trouver ? Dans leur histoire :
Les cairns de boulets de canon dans le square ?
Leur voix, leur double-voix jalouse ? Ou dans
Le climat capricieux d'une géographie
Enroulée autour du quarante-neuvième ?
Ou bien la trouver dans un tempérament notoire,
Dans le cœur d'une police montée ? Ou la trouver
Dans le rêve
D'un pays tout d'arbres de Noël ?
Ou l'entendre chanter
De l'édifice dont les tours font sonner
Les cloches et le carillon des lois ?
Où trouver ? Comment
Nommer, cela qu'on cherche ?
L'échelle à neuf barreaux où s'accrochent les frères ?
Le reflet des oiseaux l'un sur l'autre ? L'eau blanche
Mousse de lierre se glissant sous leur toit ?

Ou encore trouver, trouver, trouver, lieu commun
Mais valable, valide, vrai, l'unité
Dans les traits de famille, les visages pas si différents ?

The Cripples

(Oratoire de St. Joseph)

Bundled their bones, upon the ninetynine stairs—
St. Joseph's ladder—the knobs of penance come;
the folded cripples counting up their prayers.

How rich, how plumped with blessing is that dome!
The gourd of Brother André! His sweet days
rounded! Fulfilled! Honeyed to honeycomb!

whither the heads, upon the ninetynine trays,
the palsied, who double their aspen selves, the lame,
the unsymmetrical, the dead-limbed, raise

their look, their hope, and the *idée fixe* of their maim,—
knowing the surgery's in the heart. Are not
the ransomed crutches worshippers? And the fame

of the brother sanatorial to this plot?—
God mindful of the sparrows on the stairs?
Yes, to their faith this mountain of stairs, is not!

They know, they know, that suddenly their cares
and orthopedics will fall from them, and they
stand whole again.

Les infirmes

Oratoire Saint-Joseph

Sur les quatrevingtdixneuf[7] marches, leurs os troussés,
Sur l'échelle de Saint-Joseph, vers les poignées d'aumône,
Ils comptent leurs prières, les infirmes pliés.

Si riche, si dodu de grâce ce dôme !
La fiole du Frère André ! Si doux, si hauts
Ses jours accomplis ! Pleins ! Si miellés qu'ils rayonnent !

Là où les têtes, sur les quatrevingtdixneuf plateaux,
Les paralytiques, doublés de bras de bois, les boiteux,
Les asymétriques, les démembrés, lèvent haut

Les yeux, leur foi, leur *idée fixe*[8] de mutilés – ces pieux
Croient que la cure est dans le cœur. De leur espoir
Leurs béquilles ne sont-elles pas un signe miraculeux ?

Le frère thaumaturge nimbé de sainte gloire ?
Dieu soucieux des moineaux[9] dans la pente ?
Oui, pour eux, ce n'est pas un mont de marches, c'est l'Oratoire.

Ils savent, ils savent, que soudain repentante
Leur orthopédie va tomber de leur corps, et
Qu'ils vont recouvrer leur plénitude.

Roll empty away, wheelchairs,
and crutches, without armpits, hop away!

And I who in my own faith once had faith like this,
but have not now, am crippled more than they.

Roulez vacantes, chaises roulantes,
Et béquilles, sans aisselles, sautez !

Et moi qui eus un jour une foi comme cette foi-là,
Mais qui ne l'ai plus, je suis plus infirme qu'eux.

The Snowshoers

The jolly icicles ringing in their throats,
their mouths meerschaums of vapour,
from the saints parishes they come, like snowmen
spangled, with spectrum colour
Patching the scarf green, sash red, sky-blue the coat—
come to the crystal course. Their airy hooves
unslung from their backs are ready
to stamp their goodlucks on the solid foam.
Till then, the saints all heralded,
they snowball their banter below the angular eaves.

O gala garb, bright with assomption, flags
on limb and torso curled—
furling of white, blue zigzags, rondures red!
A candy-coloured world!
And moods as primary as theirs tuques and togs,—
of tingling cold, and the air rubbed down with snow
and winter well-being!
Like a slapdash backdrop, the street moves with colours,
the zones and rhomboids moving
toward the enhancing whiteness of the snow.

And now, clomping the packed-down snow of the street
they walk on sinews
gingerly, as if their feet were really swollen,
eager for release
from the blinders of buildings; suddenly they cut

Les raquetteurs

Dans leur gorge[10] tintent de joyeux glaçons,
Leur bouche se sculpte d'écume blanche,
Bonshommes de neige venant des saints paroissiaux,
Bariolés de toutes les couleurs du spectre,
Verte l'écharpe, rouge la ceinture, bleu ciel le manteau –
Ils arrivent sur la piste de cristal. Leurs sabots aériens,
Décrochés de leur dos, sont prêts
À imprimer leur chance sur la solide mousse.
Et pendant que l'on évoque chacun des saints,
Des balles de neige visent l'angle des toits.

Ô costume de fête, splendeur d'assomption, drapeaux
Enroulés sur les membres et les torses
Rouleaux de blanc, zigzags bleus, rouges rondeurs !
Un monde couleur bonbons !
Des humeurs primaires comme tuques et manteaux,
Un froid picotant et l'air oint de neige
Et de confort d'hiver !
Comme un fond flou, la rue irisée bouge
Rubans et rhombes avancent vers
La blancheur sublime de la neige.

Et puis, piétinant la dense neige de la rue,
Ils marchent sur des tendons, doucement,
Comme si leurs pieds étaient vraiment enflés,
Impatients de se délivrer
Des œillères des immeubles ; soudain ils tournent

a corner, and—the water they will walk!
Surf of the sun!
World of white wealth! Wind's tilth! Waves
of dazzling dominion
on which their coloured sails will billow and rock!

Un coin et – ils marchent sur l'eau !
Labour du vent !
Chevauchée du soleil ! Monde de richesse blanche ! Vagues
D'un dominion éblouissant
Où se gonflent, scintillantes, les voiles de leur vaisseau.

For the Sisters of the Hotel Dieu

In pairs,
as if to illustrate their sisterhood,
the sisters pace the hospital garden walks.
In their robes black and white immaculate hoods
they are like birds
the safe domestic fowl of the House of God.

O biblic birds,
who fluttered to me in my childhood illnesses
—me little, afraid, ill, not of your race,—
the cool wing for my fever, the hovering solace,
the sense of angels—
be thanked, O plumage of paradise, be praised.

Pour les sœurs de l'Hôtel-Dieu

Deux par deux,
Comme pour montrer qu'elles sont sœurs,
Les sœurs arpentent le jardin de l'hôpital.
Dans leur noire robe [11] et cornette blanche immaculée,
Elles sont comme des oiseaux,
La basse-cour bienveillante de la Maison de Dieu.

Ô bibliques oiseaux,
Qui avez voleté vers moi dans mon enfance malade
– Moi petit, effrayé, souffrant, d'une autre race –
L'aile qui rafraîchit ma fièvre, le réconfort à vol plané,
La sensation des anges –
Soyez bénis, Ô plumage du paradis, soyez loués.

Grain Elevator

Up from the low-roofed dockyard warehouses
it rises blind and babylonian
like something out of a legend. Something seen
in a children's coloured book. Leviathan
swamped on our shore? The cliffs of some other river?
The blind ark lost and petrified? A cave
built to look innocent, by pirates? Or
some eastern tomb a travelled patron here makes local?

But even when known, it's more than what it is:
for here, as in a Josephdream, bow down
the sheaves, the grains, the scruples of the sun
garnered for darkness; and Saskatchewan
is rolled like a rug of a thick and golden thread.
O prison of prairies, ship in whose galleys roll
sunshines like so many shaven heads,
waiting the bushel-burst out of the beachhed bastille!

Sometimes, it makes me think Arabian,
the grain picked up, like tic-tacs out of time:
first one; an other; singly; one by one;—
to save life. Sometimes, some other races claim
the twinship of my thought,—as the river stirs
restless in a white Caucasian sleep,
or, as in the steerage of the elevators,
the grains, Mongolian and crowded, dream.

Élévateur à grain

Au-dessus des ras entrepôts du port
Il s'élève aveugle et babylonien
Comme sorti d'une légende. Comme sorti
D'un livre de contes pour enfants. Léviathan
Échoué sur notre rive ? Falaises d'un autre fleuve ?
L'arche aveugle perdue et pétrifiée ? Une caverne
Maquillée d'innocence par des pirates ?
Tombe d'orient qu'un mécène nomade a rapportée ?

Mais même identifié, il reste fabuleux :
Devant lui, comme dans le rêve de Joseph, s'inclinent
Les gerbes, les grains, les scrupules de soleil
Engrangés pour l'obscurité ; et la Saskatchewan
Est déroulée comme un tapis fait d'un épais fil d'or.
Ô prison de prairies, ventre d'un navire
Où roulent des soleils, des crânes rasés attendant
Le bond des boisseaux de la bastille des berges.

Parfois, ça me fait penser arabe,
Le grain récolté, comme les tic-tac du temps :
Un premier ; un autre ; un par un ; séparément ; –
Pour sauver la vie. Parfois, d'autres races réclament
La parenté de ma pensée, – quand la rivière
Remue dans un sommeil blanc caucasien,
Ou pendant le trajet des élévateurs,
Les grains, mongols et tassés, rêvent.

A box: cement, hugeness, and rightangles—
merely the sight of it leaning in my eyes
mixes up continents and makes a montage
of inconsequent time and uncontiguous space.
It's because it's bread. It's because
bread is its theme, an absolute. Because
always this great box flowers over us
with all the coloured faces of mankind...

Une boîte : ciment, immensité et angles droits –
Rien que de la voir s'incliner vers mes yeux
Confond les continents et fait un montage
De temps inconséquent et d'espace discontinu.
C'est parce que c'est le pain. C'est parce que
Le pain est son thème, un absolu. Parce que
Toujours cette grande boîte fleurit au-dessus de nous
Avec tous les visages colorés du genre humain…

Université de Montréal

Faculté de droit

Flaunting their canes, their jaunty berets, the students throng
slick serpentine the street and streamer the air
with ribbons of ribaldry and bunting song.
Their faces, shadowed seminary-pale,
open, flash red, announce their epaulettes,
escape from Xenophon and old Virgile.
Gaily they wind and stagger towards their own
and through the maze already see themselves
silken and serious, a gownèd guild
a portrait painter will one day make traditional
beneath the Sign of the *Code Napoléon*.

This, then, their last permitted juvenal mood
kicked up by adolescence before it dons
the crown and dignity of adulthood.
Today, the grinning circle on the *Place d'Armes*,
mock trial, thumbdown'd verdict, and, singsong,
the joyous sentence of death; tomorrow, the
good of the state, the law, the dean
parting deliberate his beard
silvered and sabled with rampant right and wrong.

Thus will they note in notebooks, and will con
the numbers and their truths, and from green raw
celebrants of the Latin Quarter, duly

Université de Montréal

Faculté de droit[12]

Canne fière et béret chic, les étudiants
Emplissent la rue en lisse serpentin et tapissent l'air
De banderoles chantantes et de grivois rubans.
Leurs visages, voilés de pâleur séminaire,
S'ouvrent, rougissent, annoncent leurs épaulettes,
Et fuient Xénophon et le vieux Virgile.
Gaiement, ils ondulent et titubent vers les leurs,
À travers le dédale se voient déjà
Soyeux et sérieux, une guilde en toge
Qu'un portraitiste un jour va consacrer
Sous l'emblème du *Code Napoléon*[13].

Puis, ils ont droit à un dernier caprice,
Pour l'adolescence avant qu'elle ne revête
La couronne et la dignité de l'âge adulte.
Aujourd'hui, le cercle rieur sur la *Place d'Armes*,
On simule un procès, on condamne
Et prononce en chantant la joyeuse peine de mort ;
Demain, le bien de l'État, la loi, le doyen
Divisant délibéré son abondante barbe
D'argent et de sable en bien et mal.

Alors, ils copient et contournent
Les nombres et leurs vérités. Et en saison,
De célébrants verts et crus du quartier Latin

warp and wrinkle into *avocats*.
The solid men. Now innocence and fun.
O let them have their day, it soon will go!
Soon are begun
for haggler and schemer and electioneer—
the wizened one who is a library key,
the fat one plumped upon the *status quo*—
the fees and fetters of career.
Soon they enter
their twenty diaries, clocked and elaborate,
and soon, too soon, begin to live to leave
en bon père de famille,—a sound estate.

Se fanent et flétrissent en *avocats*.
Les hommes assis. Aujourd'hui innocence et fête.
Ô laissez-les cueillir un jour si vite révolu !
Ils connaîtront bientôt,
Les débatteurs, les candidats, les adeptes –
Le gardien ridé de la clé des archives,
Le ventru gavé de *statu quo* –
Les clauses et les chaînes de la carrière.
Ils ouvriront bientôt
Leurs mille agendas, minutés et minutieux,
Et bientôt, trop tôt, en viendront à vivre pour laisser
En bon père de famille, une succession sûre.

The Sugaring

For Guy Sylvestre

Starved, scarred, lenten amidst ash of air
roped and rough-shirted, the maples in the unsheltered grove
after their fasts and freezings stir.
Ah, winter for each one,
each gospel tree, each saint of the calendar,
has been a penance, a purchase: the nails of ice!
wind's scourge! the rooted cross!
Nor are they done with the still stances of love,
the fiery subzeros of sacrifice.

For standing amidst the thorns of their own bones,
eased by the tombs' coolth of resurrection time,—
the pardon, the purgatorial groans
almost at bitter end,—
but not at end,—the carving auger runs
spiral the round stigmata through each limb!
The saints bleed down their sides!
And look! men catch this juice of their agonized prime
to boil in kettles the sap of seraphim!

O, out of this calvary Canadian comes bliss,
savour and saving images of holy things,
a sugared metamorphosis!
Ichor of dulcitude
shaping sweet relics, crystalled spotlessness!

Le temps des sucres

Pour Guy Sylvestre

Affamés, balafrés, pénitents parmi les cendres,
Ligotés, en cilice, dans l'érablière nue,
Après le supplice du jeûne et du gel, les arbres.
Ah, l'hiver pour chacun,
Chaque arbre de l'évangile, chaque saint du calendrier
Permet une expiation, un rachat : clous de la glace !
Flagellation du vent ! croix enracinée !
Pétrifiés pour longtemps dans cette posture,
Livrés aux gels brûlants du sacrifice.

Couronnés de leurs propres ramures d'épines
Soulagés par un souffle tombal de résurrection –
Le pardon, les plaintes purgatoires
Approchent d'une amère fin
Mais persistent – la tarière à creuser tourne
En spirale les ronds stigmates à travers chaque membre !
Le sang coule le long des flancs saints !
Regardez ! de leur cruelle prime on recueille le suc
Pour bouillir dans des chaudrons la sève séraphique !

Ô, ce calvaire canadien promet la béatitude,
Les images savoureuses et salvatrices de la sainteté,
Douce métamorphose !
Ichor dulcifié
Formant des reliques succulentes de cristal immaculé !

And the pious pour into the honeyed dies
the sacred hearts, the crowns,
thanking those saints for syrops of their dying
and blessing the sweetness of their sacrifice.

Et l'homme pieux verse dans les moules dorés
Les cœurs sacrés, les couronnes,
En remerciant ces saints pour leur syrop[14] d'agonie
Et en bénissant la douceur de leur sacrifice.

Indian Reservation: Caughnawaga

Where are the braves, the faces like autumn fruit,
who stared at the child from the coloured frontispiece?
And the monosyllabic chief who spoke with his throat?
Where are the tribes, the feathered bestiaries?—
Rank Aesop's animals erect and red,
with fur on their names to make all live things kin?—
Chief Running Deer, Black Bear, Old Buffalo Head?

Childhood, that wished me Indian, hoped that
one afterschool I'd leave the classroom chalk,
the varnish smell, the watered dust of street,
to join the clean outdoors and the Iroquois track.
Childhood; but always,—as on a calendar,—
there stood that chief, with arms akimbo, waiting
the runaway mascot paddling to his shore.

With what strange moccasin stealth that scene is changed!
With French names, without paint, in overalls,
their bronze, like their nobility expunged,—
the men. Beneath their alimentary shawls
sit like black tents their squaws; while for the tourist's
brown pennies scattered at the old church door,
the ragged papooses jump, and bite the dust.

Their past is sold in a shop: the beaded shoes,
the sweetgrass basket, the curio Indian,
burnt wood and gaudy cloth and inch-canoes—

Réserve amérindienne : Caughnawaga

Où sont les braves, aux visages de fruits d'automne
Qui fixaient l'enfant sur le frontispice coloré ?
Et le chef qui parlait monosyllabique et guttural
Où sont les tribus, les bestiaires plumés ? –
Érigez rouges et en rang les animaux d'Ésope,
Avec des noms à fourrure pour s'allier tous les règnes –
Chevreuil Agile, Ours Noir, Tête de Vieux Bison ?

L'enfance, envieuse de la vie indienne, espérait
Qu'un jour, je quitterais la classe, sa craie,
L'odeur du vernis, les rues poussiéreuses et moites
Pour rejoindre le grand air, la piste des Iroquois.
L'enfance ; mais toujours – comme sur une image –
Se dressait là ce chef, attendant bras croisés
La fugitive mascotte pataugeant vers le rivage.

Mais il ne reste de cette scène qu'une fraude en mocassins !
Avec des noms français, des salopettes, sans couleurs,
Leur bronze, comme leur noblesse, effacés, éteints :
Les hommes. Sous leur voile alimentaire[15],
Assises comme des tentes noires : leurs squaws ;
Tandis que pour les sous noirs jetés sur le parvis
Les papooses en haillons sautent et mordent la poussière.

Leur passé se vend en boutique : chaussures perlées,
Foin-d'odeur[16] tressé, bibelot de peau-rouge,
Étoffe criarde, canots d'un pouce, pyrogravure –

trophies and scalpings for a traveller's den.
Sometimes, it's true, they dance, but for a bribe;
after a deal don the bedraggled feather
and welcome a white mayor to the tribe.

This is a grassy ghetto, and no home.
And these are fauna in a museum kept.
The better hunters have prevailed. The game,
losing its blood, now makes these grounds its crypt.
The animals pale, the shine of the fur is lost,
bleached are their living bones. About them watch
as through a mist, the pious prosperous ghosts.

Trophées et scalps : des souvenirs de voyage.
Parfois, oui, ils dansent, mais pour de l'argent ;
Marché conclu, ils revêtent la plume souillée
Et accueillent parmi eux un maire blanc.

C'est un ghetto de verdure, pas une demeure.
Ces braves en sont la faune, conservée au musée.
Les meilleurs chasseurs ont gagné. Et le gibier,
À bout de sang, creuse sa crypte dans la terre.
Les bêtes ont blêmi, leur fourrure ne brille plus,
Leurs os vifs sont blanchis. Et à travers la brume,
Les fantômes pieux et prospères guettent la tribu.

Krieghoff: Calligrammes

Let the blank whiteness of this page be snow
and majuscule the make of Cornelius:
then tented A's inverted V's
may circumflex and shade the paysage page
with French-Canadian trees;
or equal the arrows of the frozen flow
by the last minus degrees
stopped in their flight; or show
the wigwams and the gables—
of Krieghoff the pat petted verities.

And any signs will do:
the ladder H that prongs above the chimney;
prone J's on which the gay sleighs run;
the Q and her papoose;
crucifix Y; or bosomed farmwife B—
wanting an easel and the painter's flourish
with alphabet make free,
make squares, make curlecues
of his simplicity.

But colours? Ah, the two colours!

These must be spun, these must be bled
out of the iris of the intent sight:
red rufous roseate crimson russet red
blank candid white.

KRIEGHOFF : CALLIGRAMMES[17]

Que la blancheur vierge de cette page soit neige
Et les capitales[18], le paraphe de Cornelius :
          Alors l'envers des V des chapiteaux A
Ombrage la paysage page et la circonflexe
          D'arbres canadiens-français ;
Ou se font les flèches du flot gelé
          Freinées dans leur vol par les derniers
Degrés sous zéro ; ou dévoilent
Les wigwams et les pignons,
Les vérités chéries de Krieghoff.

Chacune d'elles :
L'échelle H cramponnée à la cheminée ;
J cambré où les joyeuses luges glissent ;
Q et son papoose
Y crucifix ou B plantureuse fermière,
Sans pinceau ni chevalet,
Peuvent faire jaillir
Des rudiments de l'alphabet
Et des cubes, et des boucles.

Mais les couleurs ? Ah, les deux couleurs !

Elles doivent être filées, elles doivent ruisseler
De l'iris du regard sensible :
Rouge ocre rose cramoisi rousse rouge
          Blanc candide immaculé.

Bread

Creation's crust and crumb, breaking of bread,
Seedstaff and wheatwand of all miracles,
By your white fiat, at the feast-times said,
World moves, and is revived the shrouded pulse!

Rising, as daily rises the quickening east,
O kneading of knowledge, leaven of happiness,
History yearns upon your yearning yeast!
No house is home without your wifeliness.

No city stands up from its rock-bound knees
Without your rustic aid. None are elect
Save you be common. All philosophies
Betray them with your yokel dialect.

O black-bread hemisphere, oblong of rye,
Crescent and circle of the seeded bun,
All art is builded on your geometry,
All science explosive from your captured sun.

Bakers most priestly, in your robes of flour,
White Levites at your altar'd ovens, bind,
Bind me forever in your ritual, your
Worship and prayer, me, and all mankind!

Le pain

Création moelleuse et croquante, rompu, le pain,
Sceptre de son et baguette à blé miraculeuse,
Suivant ta consigne blanche, émise au festin,
Se réveille du monde la pulsation silencieuse.

Levant, comme l'Est vivant chaque jour se lève,
Ô pétrissage du savoir, levain du bonheur
L'histoire envie ta levure toute vive !
Une maison sans toi n'est pas une demeure.

Sans ton aide rustique, aucune ville ne se dresse
De ses genoux de pierre. En ton absence,
Nul n'est élu. Toutes les formes de sagesse
Toujours trahissent ton dialecte paysan.

Ô hémisphère de pain noir, oblong de seigle,
Croissant et cercle de la brioche au son
Tout art est édifié selon tes règles,
Toute science, le soleil captif de cette explosion.

  Dans vos robes enfarinées, boulangers solennels,
  Blancs Lévites devant vos autels chauffés
  Liez-moi à jamais à votre rituel,
  Culte et prière, moi, et toute l'humanité !

Political meeting

(For Camillien Houde)

On the school platform, draping the folding seats,
they wait the chairman's praise and glass of water.
Upon the wall the agonized Y initials their faith.

Here all are laic; the skirted brothers have gone.
Still, their equivocal absence is felt, like a breeze
that gives curtains the sounds of surplices.

The hall is yellow with light, and jocular;
suddenly some one lets loose upon the air
the ritual bird which the crowd in snares of singing

catches and plucks, throat, wings, and little limbs.
Fall the feathers of sound, like *alouette's*.
The chairman, now, is charming, full of asides and wit,

building his orators, and chipping off
the heckling gargoyles popping in the hall.
(Outside, in the dark, the street is body-tall,

flowered with faces intent on the scarecrow thing
that shouts to thousands the echoing
of their own wishes.) The Orator has risen!

Assemblée politique

Pour Camillien Houde

Sur la tribune de l'école, ornant les chaises pliantes,
Ils attendent le verre d'eau et l'éloge du chef.
Agonisant au mur, le Y témoigne de leur foi.

Tous ici sont laïcs ; plus de frères en robe.
Mais toujours on ressent leur absence équivoque,
Une brise dans les rideaux comme le bruit des surplis.

Le hall est jaune de lumière et enjoué ;
Soudain quelqu'un libère l'oiseau rituel
Que la foule, dans un piège musical,

Attrape et plume, gorge, ailes et petits membres,
Les plumes de sons, comme de l'*alouette*[19], tombent.
Et là le chef les charme, plein d'esprit, de secrets,

Il prépare ses orateurs et fait retentir
Les gargouilles gueulant dans le hall.
(Dehors, dans la nuit, la rue se dresse,

Fleurie de faces rivées à l'épouvantail
Qui crie à des milliers les échos
De ce qu'ils veulent). L'Orateur se lève !

Worshipped and loved, their favourite visitor,
a country uncle with sunflower seeds in his pockets,
full of wonderful moods, tricks, imitative talk,

he is their idol: like themselves, not handsome,
not snobbish, not of the *Grande Allée ! Un homme !*
Intimate, informal, he makes bear's compliments

to the ladies; is gallant; and grins;
goes for the balloon, his opposition, with pins;
jokes also on himself, speaks of himself

in the third person, slings slang, and winks with folklore;
and knows now that he has them, kith and kin.
Calmly, therefore, he begins to speak of war,

praises the virtue of being *Canadien*,
of being at peace, of faith, of family,
and suddenly his other voice: *Where are your sons?*

He is tearful, choking tears; but not he
would blame the clever English; in their place
he'd do the same; maybe.

Where *are* your sons?
                                        The whole street wears one face,
shadowed and grim; and in the darkness rises
the body-odour of race.

Vénéré et aimé, l'intervenant favori,
Un oncle, les poches pleines de bonbons.
Plein de bonne humeur, de trucs, d'imitations,

Il est leur idole : comme eux, pas snob,
Pas beau, pas de la *Grande Allée ! Un homme !*[20]
Intime, simple, il complimente

Lourdement les dames ; il sourit,
Raille son opposition, rit de lui-même,
Parle de lui-même à la troisième personne.

Il parle populaire, fait des clins d'œil folklores ;
Et sait maintenant qu'il les tient, parents et amis.
Calmement, donc, il commence à parler de guerre,

Il loue les vertus du *Canadien*,
Homme de paix, de famille, de foi,
Et soudain, d'une autre voix : *Où sont vos fils ?*

Il pleure, refoule des larmes ; mais lui
Ne blâme pas les malins Anglais ; à leur place
Il ferait de même ; peut-être.

Où *sont* vos fils ?
                                        Toute la rue n'a qu'une face,
Sombre et sévère ; et dans la nuit s'élèvent
Les relents moites de la race.

The Spinning wheel

You can find it only in attics or in ads
heirloom a grandmother explains, woodcut
to show them native, quaint, and to be had
at the fee feudal; but
as object it does not exist, is aftermath
of *autre temps* when at this circle sat
domesticity,
and girls wearing the black and high-necked blouse
at its spokes played house.

Now it is antique, like the *fleur de lys*,
a wooden fable out of the olden time,—
as if the epileptic loom and mad factory
that makes a pantomime
out of this wheel do so for picturesqueness
only, and to achieve a fine excess,
not for the dividend
surely. No. Just to preserve romance,
the rites, the wage-rates of old France.

Symbol, it still exists; the seigneur still,
though now drab and incorporate, holds domain
pre-eminent; still, to his power foaming mill
the farmer brings his grain
his golden daughters made banality;

Le rouet

Il traîne au grenier ou chez l'antiquaire,
Un héritage, dont parle une grand-mère, une sculpture
En bois qui témoigne de l'archaïque, de l'originaire,
En usage dans le fief; mais comme objet,
Il n'existe pas, il est le vestige
D'un *autre temps*[21], d'une époque où on s'asseyait là,
En famille,
Et les filles, au chemisier noir et austère,
À ses rayons jouaient à la mère.

Il appartient au passé, comme la *fleur de lys*,
Une fable de bois issue du temps jadis, –
Aujourd'hui, l'usine à tisser convulse
Et grimace en imitant ce rouet
Pour réveiller le pittoresque,
En caricaturer la cadence,
Sûrement pas pour le profit.
Non. Seulement pour préserver la poésie,
Les rites et les salaires de la vieille France.

Symbole, il existe encore ; encore aujourd'hui
Le seigneur gris, incorporé, jouit de son domaine ;
Encore, à son moulin écumant de puissance
Le fermier apporte son blé
Ses filles d'or faites banalité ;

and still, still do they pay the seigneury
the hourly *corvée*,
the stolen quotient of the unnatural yields
of their woven acres and their linen fields.

Et encore, encore il paie à la seigneurie
La corvée horaire,
Le quotient pillé d'improbables rendements
De leurs arpents tissés, de leur étoffe de champs.

Frigidaire

Even in July it is our winter corner,
hill 70 of our kitchen, rising white
and cool to the eye, cool to the alpenfinger.
The shadows and wind of snowfall fall from its sides.

And when the door swings away, like a cloud blown,
the village is Laurentian, tiered and bright,
with thresholds of red, white roofs, and scattered greens;
and it has a sky, and clouds, and a northern light.

Is peopled. On its vallied streets there stands
a bevy of milk, coifed like the sisters of snow;
and beaded bosoms of butter; and red farmhands;
all poised, as if to hear from the distant meadow,

there on the heights, with its little flowers of white,
the cubes that seem to sound like pasture bells.
Fixed to that far-off tingle they don't quite
hear, they stand, frozen with eavesdropping, like icicles.

And there on the heights, the storm's electric, thriving
with muffled thunder, and lightning slow and white!
It is a private sky, a weather exclusive,
a slow, sensational, and secret sight.

Frigidaire

Même en juillet, il est notre coin d'hiver,
Colline 70 de la cuisine, il s'élève blanc
Et rafraîchit les doigts alpestres, le regard.
Une lueur de neige tombe de ses flancs.

Et quand la porte pivote comme un nuage passe,
Le village est laurentien, étagé, tout en soleil :
Des porches rouges, des toits blancs, de vertes taches ;
Un ciel, des nuages et une aurore boréale.

Est peuplé. Sur ses rues vallonnées sont alignés
Des troupeaux de lait avec des coiffes blanches de sœurs
Les poitrines perlées de beurre, les rouges engagés ;
Tous immobiles, comme pour entendre le pré qui dort.

Là-haut, avec les petites fleurs de blanc,
Les cubes sont comme des clarines qui sonnent.
Ils entendent à peine, fixés à ce lointain tintement,
Dressés, gelés, attentifs comme des glaçons.

Et là-haut, l'orage électrique, explosif
De tonnerre sourd, de lents éclairs blancs qui claquent !
C'est un ciel privé, un climat exclusif,
Un doux, sensationnel et secret spectacle.

Air-Map

How private and comfortable it once was,
our white mansard beneath the continent's gables!
But now, evicted, and still there—
a wind blew off the roof?—
we see our fears and our featherbeds plumped white
on the world's crossroads.

Vue aérienne

Elle était si confortable, si privée,
Notre blanche mansarde sous les pignons du continent !
Aujourd'hui chassés, mais toujours là :
Le vent a balayé le toit ? –
Nous voyons nos peurs, nos lits bourrés blanc de plumes
Au carrefour du monde.

Dress manufacturer: Fisherman

In his wandered wharf on the brake side of the lake;
in boots bucolic;
thatched and eaved with brim and circle of straw,
he'll sit for hours, himself his boat's prow
dangling the thread of his preoccupation.

Far from the lint and swatches, among lilies
chinned upon glass,
among the bulrushes his childhood only read,—
over cool corridors
pearled with bubbles, speckled with trout,
beneath the little songs, the little wings,
his city ardours all go out
into the stipple and smooth of natural things.

And he becomes, at the end of his filament,
a correspondent of water and of fish,
one who casts line and riches—
the glittering foolish spoon the rainbow fly—
to hide within the wish
that for so many years beat from the heat
of his enterprise and city sky
the simmering emphasis of his summer loss.

Here he would sink the curbstones!
And on the granite of his effort
grow a moss!

Fabricant de robes : pêcheur

Assis sur son quai, du côté luxuriant du lac ;
En bottes bucoliques ;
Couvert de chaume, sa tête toute toiturée de pailles,
Il reste là des heures, proue de son bateau,
Et laisse pendiller le fil de ses tracas.

Loin des retailles et des tissus,
Parmi les nénuphars d'une nappe de verre,
Parmi les roseaux de ses livres d'enfant, –
Au-dessus des couloirs frais
Perlés de bulles, mouchetés de truites,
Au-dessous des petit chants, des petites ailes,
Ses ardeurs de ville s'éteignent
Dans le flou scintillant des douceurs naturelles.

Et au bout de son filament, il devient
Un correspondant de l'eau, des poissons,
Émissaire de la ligne et des richesses –
Cuillère folle et brillante, mouche arc-en-ciel –
Il se cache dans le désir
Battant depuis longtemps dans la chaleur
De son entreprise et d'un ciel urbain,
Frémissante insistance des étés si lointains.

Ici, il ferait couler les cailloux !
Et sur le granite de ses efforts,
Ferait croître une mousse !

Back to the hotel, tanned, percer-proud
with the ransom of his youth—
a hero with private trout—
he's familiar in the kitchen, a fisherman
all evening in the lobby kidded and praised;
is modest, but encourages talk; and knows
with every compliment and trout
his childhood summers from the water raised.

De retour à l'hôtel, bronzé, aiguillé d'orgueil,
Muni de la rançon de sa jeunesse –
Un héros et sa truite –
Chez lui dans la cuisine, un pêcheur
À qui on lance, toute la soirée, blagues et bravos;
Il est modeste, mais les incite à parler ; il sait
Grâce à chaque compliment, chaque prise
Que ses étés d'enfance ont émergé de l'eau.

Pawnshop

I

May none be called to visit this grim house,
all cup-boards, and each cup-board skeleton'd
with ghost of gambler, spook of shiftless souse,
with rattling relict of the over-dunned!
Disaster haunts it. Scandals, once-renowned,
speak from its chattels. In its darkness glow
the phosphor-poor who stalk its rooms at night.
One should have razed it to the salted ground
antitheses ago,
and put its spectres long ago to flight!

II

Near waterfront, a stone's throw from the slums,
it lifts, above its wreckage, three gold buoys;
yet to its reefage tattoo'd flotsam comes
unsnaring bag and baedeker of toys.
Also those stranded on their own dear shores,—
the evicted tenant, the genteel with false name,
the girl in trouble, the no-good sons and heirs,
waver, and pause before its brass-bound doors,
look right and left, in shame,
enter, and price, and ticket their despairs.

III

Oh, for a coloured cardboard, wave out of sight
the dear, the engraved, the boasted inventory:

Le pawnshop

I

Que nul ne doive pénétrer cette maison sinistre,
Toute placards et chaque placard encadavré
D'une ombre de joueur, d'un spectre de soûlard inerte
Et des chaînes d'une dépouille surendettée !
Le désastre la hante. Le mobilier recèle
Ses scandales, autrefois célèbres. Dans une diffuse
Lueur, le phosphoreux pauvre y rôde la nuit.
On aurait dû la raser et saler le sol
Depuis des antithèses,
Et chasser depuis longtemps ses tristes esprits !

II

On peut la voir depuis les taudis, près des quais,
De cette épave surgissent trois bouées d'or ;
À ses récifs se rendra une loque tatouée
Récolter le sac, le catalogue aux trésors.
Chacun sur ses rivages si chers échoué :
Le locataire évincé, le noble douteux,
La fille bien mal prise, le bon à rien d'héritier,
Ils hésitent devant les cuivres de sa porte,
Regardent à droite, à gauche, honteux,
Entrent, évaluent et liquident leur dignité.

III

Ô, pour un carton de couleur escamoté
Le cher, le ciselé, l'éloquent inventaire :

(a) family plate—hocked for the widow's mite;
(b) birthday gifts; the cups marked *champion* (c);
(d) tools; (e) special, vase picked up in Crete;
en bloc: watch; ring, endowing bride;
camera; medal; crushed accordeon,—
rich votives of penultimate defeat,
weighed, measured, counted, eyed
by the estimating clerk, himself in pawn.

IV

Whose lombard schemes, whose plotting kapital
thrusts from this lintel its three burnished bombs
set for a time, which ticks for almost all
whether from fertile suburbs or parched slums?
The architect is rusted from his plaque.
Was his name Adam? Was his trade a smith
who thought a mansion to erect of wealth
that houses now the bankrupt bricabrac,
his pleasure-dome made myth
his let-do hospitality made stealth?

V

This is our era's state-fair parthenon,
the pyramid of a pharaonic time,
our little cathedral, our platonic cave,
our childhood's house that Jack built. Synonym
of all building, our house, it owns us; even
when free from it, our dialectic grave.
Shall one not curse it, therefore, as the cause,
type, and exemplar of our social guilt?
Our own gomorrah house,
the sodome that merely to look at makes one salt?

a) vaisselle de famille – en gage pour la pitance –
b) coupe des *champions*[22] c) cadeaux d'anniversaire
d) spécial : vase rapporté de Crête
e) outils ; *en bloc* : montre et alliance ;
Caméra ; médaille et accordéon muet ;
Offrandes votives de pénultième défaite,
Mesurées, comptées, convoitées,
Pesées, par le prêteur, lui-même sur gage.

IV

Qui, par ses taux lombards, son mesquin kapital[23],
Lâche du haut d'un linteau ses trois bombes polies,
Réglées d'avance, et dont le tic-tac impartial
S'étend des fécondes banlieues aux quartiers taris ?
L'architecte de ce lieu rouille sur sa plaque.
Se nommait-il Adam ? Est-ce sa main invisible[24]
Qui conçut ce manoir aux riches fondations,
Dont la banqueroute compose maintenant le bric-à-brac ?
Son palais au plaisir était-il impossible ?
Son charmant laissez-faire, une dissimulation ?

V

C'est le parthénon du marché de notre époque,
La pyramide d'une ère de pharaons,
Notre petite cathédrale, notre caverne platonique,
Notre maison de paille, de bois, de briques,
Synonyme de toute maison, nôtre, elle nous possède ;
Même si nous en sortons, c'est notre tombe dialectique.
Ne faudrait-il pas la maudire, alors, comme la cause,
Le type et le modèle de notre société coupable ?
Notre propre maison de Gomorrhe,
Sodome qui change en sel celui qui la regarde ?

The Green Old Age

Pity who wear the castoffs of the years
dressing in clown's clothes the unclownish ones
with baldness on head, and hairiness in ears,
and cellophane upon the chalky bones,
          and in concealed sacking, stones!

Sweet flakes in the blood, the mouth exhaling acid;
the bowels becalmed, and the loud bile in rage;
the artery hardened, and the member flaccid;
nor ever at normal the pulsating gauge –
          metathesis of age

which strives again toward its babyhood
where neither the shanks nor sphincters will behave,
nor syntax stand, and where, as if it would
be joined again, the spinal cord does crave
          the navel of the grave.

Be blessed the doctors who with toxic ease,—
coned odour, narrowed needle, candid pill,—
the waxing of these mooned monstrosities
forestall; and give into the hand and will
          the proleptic miracle.

L'Âge d'or

Plaignez qui porte les guenilles des années.
Les moins clownesques comme des clowns vêtus,
Les oreilles chevelues et la tête dépouillée,
Une poussière d'os dans un mince tissu,
        Et des pierres dans leurs poches décousues !

Grains de sucre dans le sang, et le souffle amer ;
Les entrailles tranquilles, et la bile enragée ;
Le membre flasque, et les raides artères ;
Et le rythme du pouls jamais régulier –
        Métathèse des années

Qui se retournent vers la prime enfance
Où les jarrets et les sphincters succombent,
Comme vacille la syntaxe. Autre naissance
Où comme si enfin réunis, la moelle sombre
        Vers l'ombilic de la tombe.

Soyez bénis, docteurs qui d'une aise fatale –
Odeur d'ambre, aiguille molle, pilule dorée, –
Repoussez l'ascension de ces lunes pâles
Et donnez dans la main et dans la volonté
        Le sursis miraculeux.

The Break-Up

They suck and whisper it in mercury,
the thermometers. It is shouted red
from all the Aprils hanging on the walls.
In the dockyard stalls
the stevedores, their hooks rusty, wonder; the
wintering sailors in the taverns bet.

A week, and it will crack! Here's money that
a fortnight sees the floes, the smokestacks red!
Outside *The Anchor's* glass, St. Lawrence lies
rigid and white and wise,
nor ripple and dip, but fathom-frozen flat.
There are no hammers will break that granite lid.

But it will come! Some dead of night with boom
to wake the wagering city, it will break,
will crack, will melt its muscle-bound tides
and raise from their iced tomb
the pyramided fish, the unlockered ships,
and last year's blue and bloated suicides.

La débâcle

Leur mercure en chuchote l'arrivée,
Les thermomètres. Elle hurle de rouge
De tous les Avrils[25] pendus au mur.
Dans les stalles du port,
Les arrimeurs aux crochets rouillés songent ;
Les marins hivernant dans les tavernes parient.

Une semaine et ça craque ! Je gage que dans quinze jours,
On voit les cheminées rougir et la glace flotter !
Derrière la vitre du *Anchor's*[26], le Saint-Laurent repose,
Figé et blanc et sage,
Sans onde ni ride, couvert de brasses glacées.
Quel marteau cassera un granite si lourd ?

Mais ça va venir ! En pleine nuit, dans un fracas
À réveiller la ville, elle va casser,
Craquer, soulager les marées engourdies
Et là enfin seront délivrés de leur tombeau de glace
Le poisson-pyramide, le navire qui dort,
Et les corps bleus et bouffis des suicidés.

Commercial bank

Flowering jungle where all fauna meet
crossing the marbled pool to thickets whence
the prompted parrots, alien-voiced, entreat
the kernel'd horde, the efflorescent pence,—

wondrous your caves, whose big doors must be rolled
for entrance, and whose flora none can seek
against the armed unicorn, furred blue and gold,
against the vines fatal, or the berries that touched, shriek.

How quiet is your shade with broad green leaves!
Yet is it jungle-quiet which deceives:
toothless, with drawn nails, the beasts paw your ground—
O, the fierce deaths expiring with no sound!

Banque commerciale

La faune rassemblée dans la jungle fleurie
Sillonne le bassin marbré, vers les buissons
Aux perroquets pressés, désaccordés, soumis
À la horde gorgée, au sous en floraison, –

Divines caves, vos portes lourdes et tournantes
Défendent en grinçant l'inaccessible flore,
Comme les fatales vignes et les baies grouillantes,
Comme la licorne armée, à la robe bleue et or.

Quel silence dans l'ombre d'un feuillage si vert !
Mais c'est là le silence de la jungle, trompeur.
Les bêtes sans dents ni griffes sont prêtes à bondir
Ô, sauvages morts s'éteignant sans soupir !

Quebec Liquor Commission Store

Nonetheless Ali Baba had no richer cave
nor lamps more sensitive Aladdin's thumb
than this cave, and these lamps which, at the touch,
evoke the growing slave,
and change the rag-poor world to purple-rich.
"O Vizier, wrapped in all knowledge and experience,
bring me, bring me in a flower of air,
the scent of the world's motion, the pollen, the fire,
the fumes of magnificence!"
"Your servant, my Lord, has done according to your desire!"

"And brought you also the pleasures of the skin about the round,
the sycophancy of glass, the palm's cool courtier,
and the feel of straw, all rough and rustical,
by some king's daughter donned;
and for your royal eyes, your Ishmael
with rub and abracadabra and obeisance brings
these forms and shapes, that harem opulence
that my Lord dotes on; and, of the same scope
their voices, like happenings
on cushions behind curtains, like whispers at the thrilled
   ear's lobe."

"Well done! thou gurgling knave, and above all, well done,
in the conjuring of those mischievous genii
who nip at the paps of palate, hop on the tongue,

Commission des liqueurs du Québec

Ali Baba n'avait de caverne plus riche
Ni de lampes plus sensibles le pouce d'Aladin
Que cette caverne et ces lampes que l'on touche
Pour faire jaillir le djinn,
Changeant le pauvre monde en pourpre royale.
« Ô Vizir, vêtu tout de savoir et d'expérience,
Apporte-moi dans une évanescente fleur,
Le parfum de la marche du monde, le pollen, les vapeurs,
Le feu de la magnificence ! »
« Votre serviteur, mon Maître, a fait selon votre désir !

Il vous présente aussi les plaisirs de la peau
Sur le verre courbe et flatteur, courtisan de la paume,
Et la sensation de la paille, toute rêche et rustique,
Portée par quelque fille de roi ;
Et devant vos yeux royaux, votre Ismaël,
Avec frottements et abracadabras et révérences,
Présente ces formes et figures, cette opulence
De harem dont mon Maître est friand ; et toutes aussi
fuyantes
Leurs voix comme des rêves voilés, sur des coussins,
Comme des murmures à l'oreille frémissante. »

« Très bien ! Valet glougloutant, et très bien surtout
Cette invocation de malins génies qui pincent
Les tétines du palais, sautillent sur la langue

in the throat make merry and fun!
Lithe, they go tumbling in the paunch's nets! And rung
by rung, disporting, they climb into the brain's bazaar!
Wonderful are their tricks and somersaults,
such ingenuities as do make a king forget
the troubles that there are
even for kings, the rag-poor past, the purple that may set."

Et font se réjouir et s'amuser la gorge !
Agiles, ils culbutent dans les filets de la panse
Et grimpent en folâtrant au bazar de la cervelle !
Leurs trucs et sauts périlleux sont de vraies merveilles,
Des ingéniosités qui font oublier
Au roi tous ses tourments
Le passé pauvre, la pourpre qui peut tomber. »

Montreal

O city metropole, isle riverain!
Your ancient pavages and sainted routs
Traverse my spirit's conjured avenues!
Splendour erablic of your promenades
Foliates there, and there your maisonry
Of pendant balcon and escalier'd march,
Unique midst English habitat,
Is vivid Normandy!

You populate the pupils of my eyes:
Thus, does the Indian, plumed, furtivate
Still through your painted autumns, Ville-Marie!
Though palisades have passed, though calumet
With tabac of your peace enfumes the air,
Still do I spy the phantom, aquiline,
Genuflect, moccasin'd, behind
His statue in the square!

Thus, costumed images before me pass,
Haunting your archives architectural:
Coureur de bois, in posts where pelts were portaged;
Seigneur within his candled manoir; Scot
Ambulant through his bank, pillar'd and vast.
Within your chapels, voyaged mariners
Still pray, and personage departed,
All present from your past!

Montréal[27]

Ô cité metropolis, isle riveraine !
[28] tes anciens pavages et saintes routes
traversent les avenues conjurées de mon esprit !
La splendeur érablique de tes promenades
foliées[29] là, et là ta maiçonnerie
de pendants balcons et de marches escalières
unique dans l'habitat Anglais
Voilà, toute vivide, la Normandie !

Tu popules les pupilles de mes yeux :
comme encore l'Indien à plumes, furtif
parmi tes autumnes[30] peints, Ville-Marie !
Les palissades ont passé, le calumet
du tabac de ta paix enfume l'air,
et quand même j'épie le phantôme[31], aquilin,
génuflecté, mocassiné, derrière
sa statue dans le square !

Et devant moi passent de costumées images,
hantant nos archives architecturales :
le *Coureur des bois*, aux postes de portage des peaux ;
le Seigneur dans son manoir candélabré ; l'Écossais
déambulant dans sa banque, vaste et pilastrée.
Dans tes chapelles, des marins voyageurs
encore prient, et les départis[32] personnages,
tous présents de ton passé !

Grand port of navigations, multiple
The lexicons uncargo'd at your quays,
Sonnant though strange to me; but chiefest, I,
Auditor of your music, cherish the
Joined double-melodied vocabulaire
Where English vocable and roll Ecossic,
Mollified by the parle of French
Bilinguefact your air!

Such your suaver voice, hushed Hochelaga!
But for me also sound your potencies,
Fortissimos of sirens fluvial,
Bruit of manufactory, and thunder
From foundry issuant, all puissant tone
Implenishing your hebdomad; and then
Sanct silence, and your argent belfries
Clamant in orison!

You are a part of me, O all your quartiers—
And of dire pauvrete and of richesse—
To finished time my homage loyal claim;
You are locale of infancy, milieu
Vital of institutes that formed my fate;
And you above the city, scintillant,
Mount Royal, are my spirit's mother,
Almative, poitrinate!

Never do I sojourn in alien place
But I do languish for your scenes and sounds,
City of reverie, nostalgic isle,
Pendant most brilliant on Laurentian cord!

Grand port de navigations où décarguent
multiples à tes quais les lexiques,
sonnants mais étranges à mes sens ; mais surtout, moi,
auditeur de ta musique, je chéris
l'accordé, le bimélodié vocabulaire,
où le vocable Anglais[33] et le rouler Écossique,
mollifiés par le parler Français,
bilinguifient ton air !

De ta suave voix tu chuchotes, Hochelaga !
Mais pour moi sonnent aussi tes forces,
fortissimos de sirènes fluviales,
bruit de manufacture et tonnerre
issus des fondries[34], tout puissant ton
emplissant ton hebdomade ; et puis
le sanct silence, et tes beffrois d'argent
clamant en oraison !

Tu fais partie de moi, ô tous tes quartiers –
ceux de richesse et de dure pauvreté –
réclament jusqu'aux temps finis mon hommage loyal ;
tu es le site de l'enfance, le milieu
vital d'instituts guides de mon destin ;
et toi, au-dessus de la cité, scintillant,
mont Royal, tu as nourri mon esprit,
alma mère poitrinante !

Jamais je ne séjourne en sol alien
sans languir pour ton spectacle et ton chant,
cité de rêverie, isle nostalgique,
perle brillante du collier laurentien !

The coigns of your boulevards—my signiory—
Your suburbs are my exile's verdure fresh,
Yours parks, your fountain'd parks—
Pasture of memory!

City, O city, you are vision'd as
A parchemin roll of saecular exploit
Inked with the script of eterne souvenir!
You are in sound, chanson and instrument!
Mental, you rest forever edified
With tower and dome; and in these beating valves,
Here in these beating valves, you will
For all my mortal time reside!

Les coins de tes boulevards – ma seigneurie –
mon exil suburbain dans ta fraîche verdure,
tes parcs, tes fontainants parcs –
pour ma mémoire, une pasture !

Cité, ô cité, on te déroule
comme un parchemin d'exploits séculaires
encrés du script du souvenir éterne !
Tu es de sons, de chants et d'instruments !
Mentale, tu restes à jamais édifiée
de tours, de dômes ; et dans ces valves battantes,
ici, dans ces valves battantes, tu logeras
pour toute ma mortelle durée !

Winter Night: Mount Royal

Slowly, and flake by flake...At the drifted frond
of the terraces and ski-runs over me
there falls a snow of sound:
tinkle of frost   minimins of mercury
          campanile cold

Horseman and horse among the chandeliers
parting the crystal twigs? Some belfry burst
frozen, and fractured into chips of sound?
The air itself
made little globes,
their rounds ringing in Fahrenheit descant?

White innocence the mountainside is mist,
its bells as secret as the bells of its flowers.

Now nearer, and jollier, and fourtimed, canters
the bend of the road this jingle of this silver!
Big-eyed, equestrian, trotting
the nickle blossoms,
the bells and hellos of his yoke and harness!

Heraldic, guled, the sleigh in a flurry of sound—
hooves upon snow the falsettos of water
and bells cavalier—
passes before me, is festive, and passes beyond

Soir d'hiver : mont Royal

Lentement, flocon par flocon… au feuillage emporté
Des terrasses et des pistes de ski là-haut,
Il tombe une neige de son :
Grelots de givre   blanches de mercure
          Froid de campanile

Cavalier et cheval parmi les lustres
Remuant les ramilles de cristal ? L'explosion
D'un beffroi gelé, fracturé en éclats de son ?
L'air lui-même
Partagé en petites sphères,
Des rondes entonnant le déchant des Fahrenheit ?

Blanche innocence la montagne est brouillard,
Ses cloches aussi secrètes que les clochettes de ses fleurs.

Maintenant plus près, et plus gaillard, et quadruplé,
Il chevauche la courbe de la route, ce tintement argenté !
Les yeux grands, équestre, au trot,
Les fleurs métalliques,
Les cloches et bonsoirs de son joug et harnais !

Héraldique, de gueule[35], le traîneau dans une rafale de son –
Ses sabots sur la neige, les faussets de l'eau,
Et ses cloches cavalières –
Passe devant moi, joyeux, et passe

the curve of the road, the heels of its runners
scrolling it into the mist.

They are now fainter, have no direction, lost.
One would say the hidden stars were bells
dangling between the shafts of the Zodiac.
One would say
the snowflakes falling clinked together their sparkles
to make these soft, these satin-muffled
tintinnabulations.

Le tournant de la route, les talons de ses patins
La faisant défiler dans la brume.

Puis on les entend à peine, de nulle part, perdus.
On dirait que les étoiles cachées sont des cloches
Qui se balancent entre les bras du Zodiaque.
On dirait
Que les flocons font tinter leurs étincelles
Pour confectionner ces doux tintinnabulements
Emmitouflés de satin.

Lookout: Mount Royal

Remembering boyhood, it is always here
the boy in blouse and kneepants on the road
trailing his stick over the hopscotched sun;
or here, upon the suddenly moving hill;
or at the turned tap its cold white mandarin mustaches;
or at the lookout, finally,
breathing easy, standing still

to click the eye on motion forever stopped:
the photographer's tripod and his sudden faces
buoyed up by water on his magnet caught
still smiling as if under water still;
the exclamatory tourists descending the *calèches*
the maids in starch; the ladies in white gloves;
other kids of other slums and races;
and on the bridle-paths
the horsemen on their horses like the tops of f's:

on from the parapet make out
beneath the green marine
the discovered road, the hospital's romantic
gables and roofs, and all the civic Euclid
running through sunken parallels and lolling
in diamond and square, then proud-pedantical
with spire and dome
making its way to the sought point, his home.

Belvédère : mont Royal

Ici, il est encore en chemise et culottes courtes,
Comme avant, le garçon sur la route
Traînant sa branche sur les rayons marelle du soleil ;
Ou ici, sur la montagne qui soudain s'anime ;
Ou à la fontaine, froide moustache de mandarin ;
Ou au belvédère,
Respirant enfin, immobile

Pour pouvoir fixer ces images à jamais :
Le trépied du photographe, ses visages soudains,
Bouffis par l'eau, captés sur son aimant,
Souriant toujours, comme au ralenti, sous l'eau ;
Les touristes enthousiastes descendant de calèches,
Les bonnes en uniforme, les dames en gants blancs ;
Des enfants d'autres faubourgs et d'autres races ;
Et sur les sentiers équestres
Le cavalier sur son cheval, comme le haut d'un f :

Ou deviner depuis le parapet,
Derrière le vert marine,
Le sentier secret, les toits et pignons
Galants de l'hôpital et tout l'Euclide civique
Filant ses parallèles, regorgeant
De diamants, de cubes, puis fier-pédantique,
De flèches et dômes,
Et enfin le lieu qu'on cherche, sa maison.

home recognized: there: to be returned to—

lets the full birdseye circle to the river,
its singsong bridges, its mapmaker curves, its
island with the two shades of green, meadow and wood;
and circles round that water-tower'd coast;
then, to the remote rhapsodic mountains; then,
—and to be lost—
to clouds like white slow friendly animals
which all the afternoon across his eyes
will move their paced spaced footfalls.

La maison repérée : là : où retourner –

Se laisser planer jusqu'au fleuve,
Ses ponts chantants, ses courbes de cartographe,
Son île et ses deux teintes de vert, bois et pré ;
Et enlacer la rive entourée d'eau ;
Puis, vers les montagnes rhapsodiques au loin ;
Puis, – être égaré –
Vers les nuages, douces et lentes bêtes blanches
Qui tout l'après-midi défilent devant ses yeux
Et dispersent lentement leurs pas dissipés.

The Mountain

Who knows it only by the famous cross which bleeds
into the fifty miles of night its light
knows a night-scene;
and who upon a postcard knows its shape—
the buffalo straggled of the laurentian herd,—
holds in his hand a postcard.

In layers of mountains the history of mankind,
and in Mount Royal
which daily in a streeetcar I surround
my youth, my childhood—
the pissabed dandelion, the coolie acorn,
green prickly husk of chestnut beneath mat of grass—
O all the amber afternoons
are still to be found.

There is a meadow, near the pebbly brook,
where buttercups, like once on the under of my chin
upon my heart still throw their rounds of yellow.

And Cartier's monument, based with nude figures
still stands where playing hookey
Lefty and I tested our gravel aim
(with occupation flinging away our guilt)
against the bronze tits of Justice.

La montagne

Qui n'en connaît que la fameuse croix versant
Sur cinquante milles de nuit son sang de lumière
Connaît un spectacle nocturne ;
Et qui en reconnaît la forme sur une carte postale,
Bison égaré du troupeau laurentien,
Tient dans sa main[36] une carte postale.

Dans les strates des montagnes, l'histoire de l'homme,
Et dans le mont Royal,
Que je contourne chaque jour en tramway,
Ma jeunesse, mon enfance –
Le pissenlit dent-de-lion[37], le gland tonkinois,
Cosse du marron verte d'épines sous ma couche d'herbe
Ô tous ces après-midi d'ambre
Encore à retrouver.

Il y a un pré, près du ruisseau bordé de cailloux,
Où des boutons-d'or, comme sur mon jeune menton,
Lancent encore sur mon cœur leurs auréoles jaunes.

Et le monument de Cartier, soclé de figures nues,
Est toujours dressé là où Lefty et moi,
Évadés des classes, mesurions notre mire
(Projetant au loin notre culpabilité)
Sur la poitrine bronze de la Justice.

And all my Aprils there are marked and spotted
upon the adder's tongue, darting in light,
upon the easy threes of trilliums, dark green, green, and white,
threaded with earth, and rooted
beside the bloodroots near the leaning fence—
corms and corollas of childhood,
a teacher's presents.
And chokecherry summer clowning black on my teeth!

The birchtree stripped by the golden zigzag still
stands at the mouth of the dry cave where I
one suppertime in August watched the sky
grow dark, the wood quiet, and then suddenly spill
from barrels of thunder and broken staves of lightning—
terror and holiday!

One of these days I shall go up to the second terrace
to see if it still is there—
the uncomfortable sentimental bench
where,—as we listened to the brass of the band concerts
made soft and to our mood by dark and distance—
I told the girl I loved
I loved her.

On trouve là l'empreinte de mes Avrils[38]
Sur la langue-de-serpent[39], dardante de lumière,
Sur les tranquilles trois du trille, vert foncé, vert et blanc,
Tressée de terre et enracinée
Près des sang-dragons, de la clôture inclinée.
Cormes et corolles de l'enfance,
Des présents pour mon professeur.
Et l'été cerisier raillant noir mon sourire !

Le bouleau dénudé d'un zigzag d'or
Est toujours là, devant la gueule de mon abri la grotte
Où un soir d'Août, j'ai regardé le bois se taire,
Le ciel s'obscurcir et soudain verser,
De ses tonneaux de foudre et douves de tonnerre,
La terreur et la fête !

Un jour je me rendrai au second belvédère
Pour voir s'il est toujours là :
L'inconfortable banc des sentiments
Où, comme nous écoutions les cuivres de l'orchestre,
Adoucis pour nous par l'obscure distance,
J'ai dit à celle que j'aimais
Que je l'aimais.

Lone Bather

Upon the ecstatic diving board the diver,
poised for parabolas, lets go
let's go his manshape to become a bird.
Is bird, and topsy-turvy
the pool floats overhead, and the white tiles snow
their crazy hexagons. Is dolphin. Then
is plant with lilies bursting from his heels.

Himself, suddenly mysterious and marine,
bobs up a merman leaning on his hills.

Plashes and plays alone the deserted pool;
as those, is free, who think themselves unseen.
He rolls in his heap of fruit,
he slides his belly over
the melonrinds of water, curved and smooth and green.
Feels good: and trains, like little acrobats
his echoes dropping from the galleries;
circles himself over a rung of water;
swims fancy and gay; taking a notion, hides
under the satins of his great big bed,—
and then comes up to float until he thinks
the ceiling at his brow, and nowhere any sides.
His thighs are a shoal of fishes: scattered: he
turns with many gloves of greeting
towards the sunnier water and the tiles.

Baigneur solitaire

Sur le plongeoir extatique le plongeur,
Prêt pour des paraboles, laisse
Laisse sa forme humaine pour devenir oiseau.
Est oiseau, et sens dessus dessous,
La piscine flotte en haut et les tuiles blanches neigent
Leurs hexagones inégaux. Est dauphin. Puis
Est plante, des lys naissant de ses talons.

Tout seul, soudain mystérieux et marin,
Refait surface en triton du haut de ses monts.

Patauge et joue dans la piscine déserte ;
Comme ceux, est libre, qui se croient sans témoin.
Il culbute dans sa colline de fruits,
Il fait glisser son ventre sur
Les peaux de melon de l'eau, courbes et lisses et vertes.
C'est bon : et s'entraîne comme de petits acrobates,
Ses échos s'écoulant des galeries ;
Se love autour d'un barreau liquide ;
Nage, agile et allègre ; un caprice : se cache
Sous les satins de son bon grand lit –
Et puis remonte et flotte pour enfin croire
Le plafond à son front et sans pourtour.
Ses cuisses sont un banc de poissons : dispersés :
Il se tourne en saluant de tous ses gants
Vers l'eau plus scintillante et les tuiles.

Upon the tiles he dangles from his toes
lazily the eight reins of his ponies.
An afternoon, far from the world
a street sound throws like a stone, with paper, through
the glass. Up, he is chipped enamel, grained with air.
The gloss of his footsteps follows him to the showers,
the showers, and the male room, and the towel
which rubs the bird, the plant, the dolphin back again
personable plain.

Et là il laisse pendiller de ses orteils
Les huit rênes de ses poneys.
Un après-midi, loin du monde,
Un son urbain, comme une pierre emballée, traverse
La vitre. Debout ! Il éclate en grains d'émail dans l'air.
Le lustre de ses pas le suit jusqu'aux douches,
Les douches, et le vestiaire des hommes, et la serviette
Qui essuie l'oiseau, la plante, le dauphin
Le rend simplement lui-même.

Pastoral of the city Streets

I

Between distorted forests, clapped into geometry,
in meadows of macadam,
heat-fluff-a-host-of-dandelions dances on the air.
Everywhere glares the sun's glare,
the asphalt shows hooves.

In meadows of macadam
grazes the dray horse, nozzles his bag of pasture,
is peaceful. Now and then flicks through farmer straw
his ears, like pulpit-flowers; quivers
his hide; swishes his tempest tail
a black and sudden nightmare for the fly.
The sun shines, sun shines down
new harness on his withers, saddle, and rump.

On curbrock and on stairstump the clustered kids
resting let slide some afternoon: then restless
hop to the game of the sprung haunches; skid
to the safe place; jump up: stir a wind in the heats:
laugh, puffed and sweat-streaked.

O for the crystal stream!

Comes a friend's father
with his pet of a hose,
and plays the sidewalk black
cavelike and cool.

La pastorale des rues

I

Entre des forêts tordues, courbé dans la géométrie,
Dans un monde en macadam,
Un duvet-de-pissenlit danse doux dans l'air
Les rayons du soleil partout rayonnent
Et l'asphalte montre ses sabots.

Dans un monde en macadam
On voit paître le cheval de trait, tranquille,
Naseaux nourris. Parfois, dans sa crinière de paille
Il remue les oreilles, petits-prêcheurs[40] ; fait frémir
Son cuir, fait claquer sa queue tourmente,
Tempête noire pour la mouche.
Le soleil brille, le soleil tombe,
Sur garrot, selle, croupe, un harnais neuf.

À la souche des marches, les enfants en grappes,
Au repos, laissent filer l'après-midi :
Puis sautent par-dessus le suivant ; se réfugient
Dans la zone sûre ; bondissent : brassent les brises chaudes :
Rient, essoufflés, striés de sueur.

Ô un ruisseau de cristal !

Arrive le père d'un ami
Son boyau d'arrosage en laisse,
Il enténèbre le trottoir,
Caverne fraîche.

O crisscross beneath the spray, those pelting petals and peas
those white soft whisks
brushing off heat!
O underneath these acrobatic fountains
among the crystal,
like raindrops a sunshower of youngsters dance:
small-nippled self-hugged boys
and girls with water sheer, going *Ah* and *Ah*.

II

And at twilight,
the sun like a strayed neighbourhood creature
having been chased
back to its cover
the children count a last game, or talk, or rest,
beneath the bole of the tree of the single fruit of glass
now ripening,
a last game, talk, or rest,
until mothers like evening birds call from the stoops.

Ô tressés dans la poussière d'eau, ces pétales, ces pois,
Ces fins fouets blancs
Chassant la chaleur !
Ô sous ces fontaines acrobatiques,
Parmi le cristal,
Comme des billes de pluie, la danse des enfants :
Des garçons blottis dans leur petit torse
Et le flot surprise des filles qui font *Ha* et *Ha*.

II

Et au crépuscule,
Quand on a chassé le soleil,
Qu'on l'a renvoyé au verso,
Comme un vagabond,
Les enfants goûtent une dernière partie, une blague, un répit.
Derrière le tronc d'arbre au fruit en verre,
Qui s'offre,
Une dernière partie, une blague, un répit,
Puis on entend piailler du porche les mères qui les appellent.

M. Bertrand

Oh, but in France they arrange these things much better!
M. Bertrand who always, before kissing the female wrist
rolls the *r* in *charmante*
admits he owes everything to those golden Sorbonne years.
Returned now to our forest, he is sad and nostalgic;
indeed, pained; he winces when his brother says *icitte*.
O, he can never forget fair Paris, its culture and cuisine,
particularly as he stalks deaf and hungry
among the barbarians who never were seasick.
Still, he has one consolation—the visitor from
—abroad,
the old classmate, the *conférencier*, perhaps, even
a bearded *maître* of the Academy.
The is he revived, like a dotard by the *Folies Bergères*,
revived, stimulated, made loquacious with *argot*,
and can't do enough for his guest, but would lavish on him
jowl-kiss, hand-kiss, and other kisses Parisian.

M. Bertrand

Oh, mais en France, on fait cela fort mieux !
M. Bertrand, qui roule toujours le *r* de *charmante*[41]
Avant de baiser la main des dames,
Reconnaît qu'il doit tout à ses belles années à la Sorbonne.
De retour dans nos bois, il est triste, nostalgique ;
Affligé même ; il grimace quand son frère dit *icitte.*
Ô, il n'oublie jamais son cher Paris, sa culture, sa cuisine,
Surtout quand il se pavane, sourd et affamé,
Parmi ces barbares qui n'ont pas connu le mal de mer.
Il lui reste pourtant une consolation : le visiteur d'outre-mer,
Le camarade de classe, le *conférencier*, peut-être même
Un *maître* barbu de l'Académie.
Alors il renaît, comme une épave aux *Folies Bergères*,
Ranimé, stimulé, soudain loquace en *argot*,
Il n'y a rien de trop beau pour son invité qu'il accable
De baise-joue, baise-main et autres baisers parisiens.

The Notary

Next to the *curé*, he is hierarch,
the true poet functional of this place,
laureate of its lands.
Ô, as longing's redacted, hope given witnesses,
its scarlet seal ambition, through him work
the larger myths and motives, and the heart
counts its beats on the margin, and our county lies
cadastral on his hands!

Formal in black, gold watch, and lyric collar,
he's ceremonial a priest a bard;
money and love are his themes.
He speaks, for all, the imprescriptible word;
and with his name, sacred upon the roll,
makes rich a date, and permanent a wish,
giving desire its deed, and the blessing of the hands
to the English-measured dreams.

And with a flourish moves the immoveable,
gratifies the unborn of the unborn!
The certainties are his!
Yes, so to our custom dedicate and sworn,
he it is makes all getting honourable,—
truly our poet, coining the bride her song,
and making even out of the last will
our cherished elegies!

Le notaire

Comme le *curé*[42], c'est un hiérarque,
Le vrai poète approprié au lieu,
Lauréat de ses territoires.
Ô, convoitise libellée, témoins nourris d'espoir,
Sceau écarlate de l'ambition, par lui s'animent
Les grands mythes et motifs et le cœur
Compte ses battements dans la marge. Notre comté repose
Cadastral sur son secrétaire !

En noir cérémonie, montre en or et col lyrique,
Il est solennel, un prêtre, un barde ;
Fait de l'argent et l'amour sa cause.
Révèle pour tous le verbe imprescriptible ;
Et son nom, sacré sur le rouleau,
Enrichit une date, immortalise un souhait
Donnant au désir son dû et la bénédiction des mains
Aux rêves mesurés à l'anglaise.

Et d'un trait de plume, il remue l'immobile,
Comble les héritiers des héritiers à naître !
Dépositaire des certitudes ! Oui,
Il se donne, se consacre à nos coutumes.
C'est lui qui célèbre toute acquisition,
Vraiment notre poète, il chante à la mariée sa chanson
Et transforme pour nous les dernières volontés
En précieuses élégies !

Monsieur Gaston

You remember the big Gaston, for whom everyone predicted
a bad end?—
Gaston, the neighbour's gossip and his mother's cross?
You remember him *vaurien*, always out of a job,
with just enough clinking coinage
for pool, bright neckties, and blondes,—
the scented Gaston in the poolroom lolling
in meadows of green baize?
In clover now. Through politics. *Monsieur* Gaston.

They say the Minister of a certain department does not move
without him; and they say, to make it innocent,—
chauffeur.
But everyone understands. Why, wherever our Gaston smiles
a nightclub rises and the neons flash.
To his slightest whisper
the bottled rye, like a fawning pet-dog, gurgles.
The burlesque queen will not undress
unless *Monsieur* Gaston says yes.
And the *Madame* will shake her head behind the curtain-rods
unless he nods.

A changed man, Gaston; almost a civil servant,
keeps records, appointments, women; speaks tough English;
is very much respected.

Monsieur[43] Gaston

Tu te souviens du gros Gaston, dont on disait
Qu'il finirait mal ? –
Gaston, le ragot du voisin et le fardeau de sa mère ?
Tu te souviens de ce *vaurien*, toujours au chômage,
Avec juste assez de monnaie dans ses poches
Pour la partie, des blondes et des cravates claires, –
Il empestait la salle de billard,
Se prélassait dans les tapis verts ?
Dans l'or maintenant. Grâce à la politique. *Monsieur* Gaston.

On dit qu'un certain ministre ne se déplace pas
Sans lui ; pour taire les soupçons :
C'est son chauffeur.
Mais tous comprennent. Pourquoi, quand Gaston sourit,
Une boîte surgit et ses néons clignotent.
Qu'il murmure et la bouteille de whisky,
Comme un chien devant son maître, gargouille.
La reine du burlesque ne se dévêt
Que si *Monsieur* Gaston le permet.
Et *Madame* fait non derrière la draperie
À moins qu'il ne fasse oui.

Un homme nouveau, Gaston ; presque un haut fonctionnaire,
Entretient dossiers, entrevues et femmes ; parle un bon anglais ;
Est fort respecté.

You should hear with what greetings his distinguished approach is
greeted;
you should see the gifts he gets,
with compliments for his season.

Tu devrais entendre avec quelle chaleur ses avances
sont accueillies ;
Tu devrais voir les cadeaux qu'il reçoit,
Accompagnés de compliments sur sa campagne.

Librairie Delorme

Among the penny arcades and the dime shows,
attic above the dark racked secondhand stores
its number; neighbour to cubicles in heat,
hashjoints, vodils, poolrooms—the scruffed doors
the derelict swings, the cop on the corner knows—
Far from the pomp epopic of its themes,
far from the pemmican West, out of the storm
confederate, upon a city street:
Canadiana Librairie Delorme:
door grated: wooden stairs: the incunabulate dreams

stacked: shadows catalogued. The runted past
grows only the thickness of dust and greys frustrate
the Intendants' enterprises, and Laval's—
in brochures bandied. Though Jesuits relate,
and explorers claim, and statesmen think they last
none come to listen, save the bibliophile;
or Hollywood for manners; or the bright
young candidate who'd show *de facto* false;
an abbé, perhaps, beatified with sight
of green Laurentia kneeling to church-bell.

Monsieur Delorme...Stooped and with doctoral beard
he is all anecdote and courtesy,
one who loves bindings and the old regime
that in his mind is gobelin'd *fleur de lys*
and in the chapel of his speech revered.

Librairie Delorme[44]

Entre les peep-shows et les machines à sous,
En haut des boutiques d'occasion mal famées,
Son numéro ; voisin des cabines en chaleur,
Odeur de hash, vodvils[45], billard – portes fanées
Et charnières lâches, le policier sait tout –
Loin de l'épopique[46] pompe de ses fables,
Loin de l'Ouest pemmican[47], hors du vacarme
Confédérée, dans la rue :
Canadiana : Librairie Delorme
Grincements de porte : escaliers de bois : rêves incunables

En catalogue d'ombres. Le passé anémique
Ne fait croître qu'une épaisse poussière,
Le gris brouille les projets des Intendants[48] et de Laval,
Incurvés en brochures. Les récits de l'explorateur,
De l'éloquent jésuite et de l'homme d'État historique
N'intéressent personne, sauf le bibliophile et
Hollywood, pour le décor ; et le jeune et brillant
Candidat, pour pouvoir objecter *de facto* ;
Ou un abbé, peut-être, en extase à la vision
D'une verte Laurentie à genoux devant les clochers.

Monsieur Delorme… La barbe doctorale, voûté,
Il est tout anecdote et courtoisie.
Un fervent des reliures et de l'ancien régime,
Gobeliné de *fleurs de lys* dans son esprit
Et, dans la chapelle de son discours, vénéré.

Nonetheless seems at peace with the conqueror's state,
is casual, diffident, a-political;
and from his manner you would never dream
he was a man was putting up for sale
his family heirlooms and his family plate.

En paix avec la démarche coloniale,
Il est familier, distant, a-politique ;
Et à ses manières, on n'aurait jamais cru
Que comme beaucoup d'autres, il liquide
La vaisselle de famille et le patrimoine familial.

Sire Alexandre Grandmaison

When Sire Alexandre Grandmaison, Seigneur of Biche,
read the final draft of the bill, placed by his secretary,
(who watched such things,) upon his heirloom desk,
he was desolate.
That day was a lost day, and Sire Alexandre
outraged, forgot those lesser domains and fiefs:
        Quebec Paper Products, Ltd.
        Champlain Industries, Inc.
        Laurentian Cold Storage, Ltd.
        La Société de Fiducie, and subsidiaries
of all of which he had been duly elected president.

To think of it!
The ancient rights attaching now commuted!
King Louis' honour, which not even the English would touch
paid off at six per cent:
pious ceremony reduced
to legal tender at a banker's wicket!

Mais que voulez-vous ? It was a parliament
of grocers, notaries, farmers' sons who would
crate custom, barter the *fleur de lys* for leeks.
It was a too commercial age.

Sire Alexandre Grandmaison

Quand Sire Alexandre Grandmaison, Seigneur de Biche,
Lut enfin le projet de loi, posé par sa secrétaire
(Qui en est chargée) sur son pupitre ancestral,
Il fut consterné.
Ce jour était un jour perdu ; Sire Alexandre,
Affligé, oublia fiefs et domaines trop modestes :
        Quebec Paper Products, Ltd.
        Champlain Industries, Inc.
        Laurentian Cold Storage, Ltd.
        La Société de Fiducie et associés
Où on l'avait dûment élu président.

Est-ce possible !
Ces droits qui hier nous liaient aujourd'hui s'échangent !
L'honneur du roi Louis, que même les Anglais épargnent,
Rapportait du six pour cent :
On a fait d'un rituel pieux
Une monnaie légale au guichet !

Mais, que voulez-vous ?[49] C'était un parlement
D'épiciers, de notaires, de fils de fermiers
Encaissant les coutumes, troquant la *fleur de lys*.
C'était une ère trop commerciale.

Hormisdas Arcand

Hormisdas Arcand, about to found a new party
manufactures him historic manifesto.
Alas, he can not get
beyond the principal
first blast.
It keeps repeating itself, like a youpin meal.
Et, pour vrai dire, what more political
is there to say after you have said:
À bas les maudits Juifs !

Hormisdas Arcand

Hormisdas Arcand, prêt à fonder un parti,
Lui fabrique un manifeste historique.
Hélas, sa fulgurante
Entrée en matière
A tout dit.
Elle se répète comme un repas de youpin.
Et, pour vrai dire,[50] que dire de plus politique
Quand vous avez déjà dit
À bas les maudits Juifs !

Les Filles Majeures

Evenings, they walk arm in arm, in pairs,—
as if to emphasize their incompleteness,—
and friendly together make an ambiguous form,
like a folded loneliness,
or like mirrors that reflect only each other.

And in the daytime, they are aunts; they pet,
they censor their sisters' children, take them for walks,
help them with privacies, and buy them presents.
It is baby talk
and precocity that is their topic, their event.

Their life is like a diary, to be filled.
Therefore, they'll sit at concerts where music invents
them love-affairs; or lectures—for the mind's eye;
or, almost male, will tend
their gardens; or social service. Thus, the days hold.

Sometimes, having found another grey hair
they will put on the uniform of conventional dress
with the single item florid, the single feather
for the elusive one. Alas
always they return, and sighs the sisterly mirror.

Thereafter they shield themselves, brood on, avoid,
hate the entire vocabulary of love.

Les filles majeures [51]

Le soir, elles marchent deux par deux, bras dessus bras dessous –
Comme pour souligner leur incomplétude –
Ces amies font ensemble une forme ambiguë,
Une asymétrique solitude,
Ou des miroirs qui seulement se reflètent l'un l'autre.

Dans la journée, elles sont tantes ; elles cajolent
Et surveillent les enfants de leurs sœurs, les promènent,
Les aident dans les intimités, leur achètent des présents.
C'est le babil enfantin
Et la précocité qui sont leur sujet, leur événement.

Leur vie est comme un journal intime, à remplir.
Aussi vont-elles aux concerts où la musique leur invente
Des aventures ; aux conférences – pour rêver
Un peu ; ou, comme un homme, elles vont cultiver
Leur jardin ; ou le service social. Ainsi vont les jours.

Parfois, ayant trouvé un autre cheveu gris,
Elles revêtent l'uniforme, une robe présentable,
Avec seule une pièce fleurie, seule une plume
Pour l'insaisissable.
Hélas. Toujours elles reviennent et le miroir sororal soupire.

Alors, elles se protègent, remâchent, esquivent,
Détestent tout le vocabulaire de l'amour.

The shine of left-handed rings makes them feel odd,
and certain small words grieve
them, insult their spinsterhood.

For them, for them the world lacks symmetry!
And they themselves seem to themselves
like vases, broken in half, the halves perversely
stood upon shelves
unfinished, and rich with flowers never to be.

L'éclat des anneaux gauchers les isolent
Et certains petits mots
Les affligent, insultent leur célibat.

Pour elles, pour elles le monde manque de symétrie !
Et elles-mêmes paraissent à elles-mêmes
Des vases, brisés en deux, les moitiés insolemment
Perchées sur des étagères,
Incomplets et riches de fleurs qui ne seront jamais.

Filling Station

With snakes of rubber and glass thorax,
like dragons rampant,
statistical, red with ambush,
they ambuscade the highway.

Only in the hinterland, and for neighbours,
the extant blacksmith drives
archaic nails into the three-legged horse.

But on Route 7
the monsters coil and spit from iron mouths
potent saliva.

(Beyond the hills, of course;
the oxen, lyric with horns, still draw
the cart and the limping wheels.)

Station-service

Serpents de caoutchouc et thorax de verre,
Comme des dragons rampants,
Rouges d'embûches, de statistiques,
Elles embuscadent la route.

Tandis que dans l'arrière-pays, pour ses voisins,
Un forgeron tenace enfonce
D'archaïques clous dans la bête à trois pattes.

Pendant que les monstres de la route 7
Se lovent et crachent d'une bouche en fer
Leur puissante salive.

(Bien sûr, derrière les montagnes :
Les bœufs aux cornes lyriques traînent toujours
La charrette et les roues qui boitent.)

Annual Banquet: Chambre de Commerce

And as the orators, rewarded roars, scored, soared, bored—
The man of capital:—
You certainly have a wonderful country. Why don't you
Exploit it?

To which his neighbour and host
Seeking in pocket and pouch
Bosom and hip and thigh
At last produced it bold and double-column.

Quebec: The place for industry
Cheap power. Cheap labour.
No taxes (first three years).
No isms (forever).

Verso, the guest beheld; and smiled:
Photograph of Mr. & Mrs Damase Laberge
on the occasion of their 25th wedding anniversary,
surrounded by their children and grandchildren
to the number of thirty-two; from left to right…
potential for exploitation

O love which moves the stars and factories…

Banquet annuel : Chamber of Commerce[52]

[53] Et les orateurs, acclamés, emportent, enflamment, ennuient –
l'homme du capital :
vous avez vraiment un beau pays. Pourquoi
ne pas l'exploiter ?

Alors, son voisin et hôte
fouillant pochette et poche
et torse et hanche et cuisse
enfin le produit, caractères gras et colonne double.

Québec : paradis de l'industrie
Énergie à bas prix.
Ouvriers bon marché.
Pas d'impôts (pour trois ans).
Pas d'ismes (pour toujours).

Au verso, l'invité contemple ; sourit :
photo de M. et Mme Damase Laberge
à l'occasion de leur 25e anniversaire de mariage
entourés de leurs enfants et petits-enfants
au nombre de trente-deux ; de gauche à droite…

Ô l'amour qui meut les étoiles et les usines…[54]

Portrait of the Poet as Landscape

I

Not an editorial-writer, bereaved with bartlett,
mourns him, the shelved Lycidas.
No actress squeezes a glycerine tear for him.
The radio broadcast lets his passing pass.
And with the police, no record. Nobody, it appears,
either under his real name or his alias,
missed him enough to report.

It is possible that he is dead, and not discovered.
It is possible that he can be found some place
in a narrow closet, like the corpse in a detective story,
standing, his eyes staring, and ready to fall on his face.
It is also possible that he is alive
and amnesiac, or mad, or in retired disgrace,
or beyond recognition lost in love.

We are sure only that from our real society
he has disappeared; he simply does not count,
except in the pullulation of vital statistics—
somebody's vote, perhaps, an anonymous taunt
of the Gallup poll, a dot in a government table—
but not felt, and certainly far from eminent—
in a shouting mob, somebody's sigh.

O, he who unrolled our culture from his scroll—
the prince's quote, the rostrum-rounding roar—

Portrait du poète en paysage[55]

I

Aucun éditorialiste en deuil ne pleure,
Larousse[56] en main, le Lycidas sur les rayons.
Aucune actrice ne verse une larme de glycérine.
La radio laisse passer son trépas.
Et à la police, rien. Il semble que personne,
Sous son vrai nom ou son alias,
Ne s'inquiète assez pour signaler son absence.

Peut-être est-il mort on ne sait où,
Peut-être le trouverait-on dans un placard,
Comme le cadavre d'un roman policier, debout,
Les yeux fixes, prêt à s'écrouler au sol,
Peut-être aussi est-il vivant
Et amnésique, ou dément, ou qu'il s'isole,
Honteux. Peut-être encore est-il défiguré par l'amour.

Nous savons pourtant que de la collectivité
Il a disparu ; il ne compte que
Dans le pullulement des statistiques –
Un vote peut-être, la raillerie anonyme
D'un sondage Gallup, un point sur un graphique,
Mais on ne le perçoit pas et on l'estime encore moins –
Dans une foule en furie, le soupir d'un homme.

Ô lui qui déroula notre culture de son rouleau –
Cité par le prince, acclamé par la foule –

who under one name made articulate
heaven, and under another the seven-circled air,
is, if he is at all, a number, an x,
a Mr. Smith in a hotel register,—
incognito, lost, lacunal.

II

The truth is he's not dead, but only ignored—
like the mirroring lenses forgotten on a brow
that shine with the guilt of their unnoticed world.
The truth is he lives among neighbours, who, though
they will allow
him a passable fellow, think him eccentric, not solid,
a type that one can forgive, and for that matter, forego.

Himself he has his moods, just like a poet.
Sometimes, depressed to nadir, he will think all lost,
will see himself as throwback, relict, freak,
his mother's miscarriage, his great-grandfather's ghost,
and he will curse his quintuplet senses, and their tutors
in whom he put, as he should not have put, his trust.

Their he will remember his travels over that body-
the torso verb, the beautiful face of the noun,
and all those shaped and warm auxiliaries!
A first love it was, the recognition of his own.
Dear limbs adverbial, complexion of adjective,
dimple and dip of conjugation!

And then remember how this made a change in him
affecting for always the glow and growth of his being;

Lui qui par un seul nom exprimait
Le paradis et le septième cercle [57] par un autre,
Il n'est, s'il est, qu'un numéro, un x,
Un M. Smith sur le registre d'un hôtel –
Incognito, égaré, lacunaire.

II

En vérité, il n'est pas mort, seulement ignoré –
Comme les lunettes qu'on oublie sur le front
Brillantes des remords de leur monde inaperçu.
En vérité, il vit parmi ses voisins ; et si on le trouve
Correct, on le dit aussi excentrique, pas sérieux,
Un type à qui on peut pardonner, donc sans importance.

Comme un poète, il a lui-même ses humeurs,
Parfois, sombrant au nadir, il perd tout espoir
Se trouve anachronique, éteint, étrange,
Fausse couche de la mère, fantôme de l'ancêtre,
Il maudit bientôt ses quintuples sens et leurs tuteurs
En qui, sans réfléchir, il a mis sa confiance.

Puis il se souvient de ses voyages sur ce corps :
Les auxiliaires dansants et chauds,
Le verbe torse, le joli visage du nom !
C'était un premier amour, une reconnaissance,
Membres adverbiaux, teint de l'adjectif,
Fossettes rieuses de la conjugaison !

Et puis il se souvient qu'ils l'ont transformé,
Ont permis la croissance d'une lueur exclusive

how suddenly was aware of the air, like shaken tinfoil,
of the patents of nature, the shock of belated seeing,
the loneliness peering from the eyes of crowds;
the integers of thought; the cube-roots of feeling.

Thus, zoomed to zenith, sometimes he hopes again,
and sees himself as a character, with a rehearsed role:
the Count of Monte Cristo, come for his revenges;
the unsuspecting heir, with papers; the risen soul;
or the chloroformed prince awaking from his flowers;
or—deflated again—the convict on parole.

III

He is alone; yet not completely alone.
Pins on a map of a colour similar to his,
each city has one, sometimes more than one;
here, caretakers of art, in colleges;
in offices, there, with arm-bands, and green-shaded;
and there, pounding their catalogued beats in libraries,—

everywhere menial, a shadow's shadow.
And always for their egos—they outmoded art.
Thus, having last the bevel in the ear,
they know neither up nor down, mistake the part
for the whole, curl themselves in a comma,
talk technics, make a colon their eyes. They distort—

such is the pain of their frustration—truth
to something convolute and cerebral.

Soudain il sentait l'air, une feuille métallique au vent,
Et les inventions de la nature, choc d'une vision tardive,
Et la solitude perçant les yeux des foules ;
Nombres entiers des idées, racines cubiques des rêves.

Alors, bondissant au zénith, il espère encore,
Se prend soudain pour un personnage
Le comte de Monte Cristo, de retour pour se venger ;
Un héritier et sa preuve ; l'âme ressuscitée ;
Le prince chloroformé s'éveillant parmi les fleurs ;
Ou – sombrant à nouveau– libéré sur parole.

III

Il est seul, mais pas tout à fait.
On voit sur la carte des points de même couleur,
Un dans chaque ville, parfois plus ;
Ils sont, dans les écoles, les concierges de l'art,
On les voit dans les bureaux, sous l'ombre d'une visière,
Leur pouls est répertorié dans les bibliothèques.

Partout modestes, ombre d'une ombre.
Et toujours pour leur amour-propre, leur art démodé.
Maintenant déboussolés, ils confondent
Le haut et le bas, prennent la partie pour le tout,
Se recroquevillent en virgule, parlent
Techniques, les yeux en deux-points. L'ennui

De leur frustration les fait tordre la vérité
En mirage cérébral et embrouillé.

How they do fear the slap of the flat of the platitude!
Now Pavlov's victims, their mouths water at bell,
the platter empty.
                              See they set twenty-one jewels
into their watches; the time they do not tell!

Some, patagonian in their own esteem,
and longing for the multiplying word,
join party and wear pins, now have a message,
an ear, and the convention-hall's regard.
Upon the knees of ventriloquists, they own,
of their dandled brightness, only the paint and board.

And some go mystical, and some go mad.
One stares at a mirror all day long, as if
to recognize himself; another courts
angels,—for here he does not fear rebuff;
and a third, alone, and sick with sex, and rapt,
doodles him symbols convex and concave.

O schizoid solitudes! O purities
curdling upon themselves! Who live for themselves,
or for each other, but for nobody else;
desire affection, private and public loves;
are friendly, and then quarrel and surmise
the secret perversions of each other's lives.

IV

He suspects that something has happened, a law
been passed, a nightmare ordered. Set apart,
he finds himself, with special haircut and dress,

Comme ils craignent la gifle fade de la banalité !
Victimes de Pavlov, ils salivent à la cloche,
L'écuelle est creuse.
                                        Regardez ! Leur montre sertie
De pierres ne donne pas l'heure !

Certains, patagoniens d'amour-propre, avides
Du mot prolifique, adhèrent au parti local.
Ils ont maintenant un message,
L'oreille et les yeux de la salle.
Sur les genoux des ventriloques, ils ne possèdent
De leur éclat mécanique que la peinture et la toile.

Les uns deviennent mystiques, les autres, fous
L'un fixe le miroir, tout le jour,
Comme pour se reconnaître, un autre courtise
Les anges – sans crainte du rejet –
Et un troisième, seul, ravi, obsédé par le sexe,
Griffonne des symboles concaves et convexes.

Ô solitudes schizoïdes ! Ô puretés !
Qui caillent sur elles-mêmes, vivent par vanité,
L'une pour l'autre, mais pour personne d'autre ;
Avides d'affection ; d'amour public, privé ;
Elles fraternisent puis se querellent et flairent
Les secrètes perversions des uns et des autres.

IV

Que s'est-il passé ? A-t-on adopté
Une loi, convoqué un cauchemar ?
Soudain isolé, drôlement coiffé, vêtu,

as on a reservation. Introvert.
He does not understand this; sad conjecture
muscles and palls thrombotic on his heart.

He thinks an impostor, having studied his personal biography,
his gestures, his moods, now has come forward to pose
in the shivering vacuums his absence leaves.
Wigged with his laurel, that other, and faked with his face,
he pats the heads of his children, pecks his wife,
and is at home, and slippered, in his house.

So he guesses at the impertinent silhouette
that talks to his phone-piece and slits open his mail.
Is it the local tycoon who for a hobby
plays poet, he so epical in steel?
The orator, making a pause? Or is that man
he who blows his flash of brass in the jittering hall?

Or is he cuckolded by the troubadour
rich and successful out of celluloid?
Or by the don who unrhymes atoms? Or
the chemist death built up? Pride, lost impostor'd pride,
it is another, another, whoever he is,
who rides where he should ride.

V

Fame, the adrenalin: to be talked about;
to be a verb; to be introduced as *The*:
to smile with endorsement from slick paper; make
caprices anecdotal; to nod to the world; to see

Comme dans une réserve. Introverti.
Il ne comprend pas ; une triste conjecture
Croît et couvre son cœur de fatigue thrombotique.

Peut-être qu'un imposteur a étudié sa vie,
Ses gestes, ses humeurs, et a pris place
Dans les vides frémissants que son absence laisse.
Couronné de ses lauriers, masqué de son visage,
Cet autre caresse ses enfants et bizoute sa femme.
Il est chez lui, en pantoufles, dans sa maison.

Peut-être qu'une insolente silhouette
Parle dans son téléphone et ouvre son courrier.
Est-ce le magnat du coin qui joue au poète
Pour se distraire de son épopée d'acier ?
L'orateur qui fait une pause ? Ou celui-ci
Qui joue de la trompette dans une salle surchauffée ?

Est-il cocufié par le troubadour
Riche et célèbre de la pellicule ?
Le doyen qui dérime les atomes ?
L'invention de mort du chimiste ? Fierté ravie,
C'est un autre, un autre, quel qu'il soit,
Qui vogue où lui devrait voguer.

V

La *Gloire*, l'adrénaline : faire parler de soi ;
Être un verbe ; se faire enfin connaître,
Être *LE* : sourire sur un papier lustré ;
Faire une anecdote d'un caprice ; consentir à naître ;

one's name like a song upon the marquees played;
to be forgotten with embarrassment; to be—
to be.

It has its attractions, but is not the thing;
nor is it the ape mimesis who speaks from the tree
ancestral; nor the merkin joy…
Rather it is stark infelicity
which stirs him from his sleep, undressed, asleep
to walk upon roofs and window-sills and defy
the gape of gravity.

VI

Therefore he seeds illusions. Look, he is
the nth Adam taking a green inventory
in world but scarcely uttered, naming, praising,
the flowering fiats in the meadow, the
syllabled fur, stars aspirate, the pollen
whose sweet collusion sounds eternally.
For to praise

the world—he, solitary man—is breath
to him. Until it has been praised, that part
has not been. Item by exciting item—
air to his lungs, and pressured blood to his heart—
they are pulsated, and breathed, until they map,
not the world's, but his own body's chart!

And now in imagination he has climbed
another planet, the better to look
with single camera view upon this earth—

Faire chanter un nom dans le chapiteau,
Ne pas être oublié sans embarras ; être –
Être.

Cette vie a ses charmes, mais ce n'est pas ça ;
Ni la singerie mimétique du haut de l'arbre
Ancestral ; ni le plaisir solitaire…
Il sait que c'est plutôt l'infortune austère
Qui le réveille la nuit, dévêtu, endormi,
Pour parcourir les toits des chaumières
Et défier la gueule de la gravité.

VI

Aussi sème-t-il des illusions. Regardez, il est
Le *x*ième Adam qui dans un murmure
Inventorie le monde, qui nomme, qui loue,
Les décrets florissants dans la verdure,
L'écho du secret délicat du pollen,
Les étoiles aspirées, la syllabique fourrure,
Car louer

Le monde – pour ce solitaire – est son
Souffle vital. Cette partie du monde
N'existe que par lui. Chaque palpitant item –
De l'air à ses poumons, du sang pompé à son cœur –
S'intègre à son pouls, à sa respiration et trace
La carte, non pas du monde, mais de son propre corps !

Mais en imagination, il a gravi
Une autre planète. Pour mieux embrasser
La terre en un panorama –

its total scope, and each afflated tick,
its talk, its trick, its tracklessness—and this,
this, he would like to write down in a book!

To find a new function for the *déclassé* craft
archaic like the fletcher's; to make a new thing;
to say the word that will become sixth sense;
perhaps by necessity and indirection bring
new forms to life, anonymously, new creeds—
O somehow pay back the daily larcenies of the lung!

These are not mean ambitions. It is already something
merely to entertain them. Meanwhile, he
makes of his status as zero a rich garland,
a halo of his anonymity,
and lives alone, and in his secret shines
like phosphorus. At the bottom of the sea.

Toute son étendue, chaque tic-tac inspiré,
Ses tics, ses trucs et ses tracas – et ceci,
Ceci, il aimerait pouvoir en parler !

Trouver un nouvel usage au métier *déclassé*[58],
Archaïque comme celui de l'arquebusier ; faire naître ;
Émettre le son du sixième sens ;
Créer, par nécessité, par erreur peut-être,
De nouvelles formes, en secret, de nouveaux credos –
Payer la dette quotidienne des poumons.

Ce ne sont pas là de basses ambitions.
C'est déjà beaucoup pour eux. Entre-temps,
Il fait de son anonymat une auréole,
De son prestige nul un riche ornement,
Et il vit seul, et son secret reluit
Comme le phosphore. Au fond de l'océan.

NOTES

[1] Il s'agit du Québec et de l'Ontario.

[2] Les prairies

[3] L'Île-du-Prince-Édouard

[4] La Colombie-Britannique

[5] Le territoire du Yukon

[6] Le territoire du Nord-Ouest

[7] « Ninetynine » dans la version originale. Klein, dans une lettre à son éditeur chez Ryerson, insiste pour retirer le trait d'union. De cette façon, le mot reproduit l'escalade des marches par l'alternance : ni-ne-ni-ne. Cet effet n'est pas possible en français – à moins de traduire par nonanteneuf, qui n'est pas utilisé au Québec.

[8] En français dans l'original.

[9] Référence à l'évangile de Matthieu (10, 29).

[10] Nous devrions utiliser le singulier en français, les raquetteurs n'ayant chacun qu'une gorge et qu'une bouche. Nous conservons le pluriel pour évoquer l'accord en anglais.

[11] Klein choisit d'inverser l'ordre habituel adjectif/nom dans la phrase anglaise ; nous faisons de même en français.

[12] Les mots en italique dans ce poème sont en français dans l'original.

[13] Voir note 10.

[14] Comme Klein écrit « syrop » en anglais au lieu de « syrup », nous préférons garder cette graphie, à mi-chemin entre l'anglais et le français.

[15] « Dans une lettre, le 12 juillet 1945, Mario Strobel du magazine *Poetry* s'interroge sur la signification de l'expression "alimentary shawls". Klein réplique : "Le gouvernement verse une allocation aux femmes amérindiennes vivant dans des réserves à la condition qu'elles portent le voile noir." Le 18 juillet 1945, Strobel soutient que

le mot “alimentaire”, s’il n’est pas accompagné d’une note en bas de page, reste très obscur et recommande l’utilisation d’un “meilleur adjectif”. Klein répond :

> Non, je ne suis ni ne veux être Eliot, qui compose des poèmes pour illustrer une note en bas de page. Je comprends toutefois la nature de votre intervention ; je ne voudrais pas qu’on croie que la situation est si grave dans la réserve que l’on doive s’y nourrir de voiles.
> Que dites-vous de “Sous la tolérance de leur voile” ? La connotation initiale est toujours là, mais n’est pas essentielle à la compréhension de la phrase. L’évocation de l’insigne comme gage de tolérance annonce également la notion de “ghetto de verdure”. Et il est certain – en dehors de toute association, évocation et allusion légale – que personne ne semble heureux sous un voile noir. »

(traduction libre de la note de Zailig Pollock dans KLEIN, A. M. *Complete poems*, édition préparée par Zailig Pollock, Toronto, University of Toronto Press, 1990.)

[16] Nom français vulgaire de la plante *Hierochloe odorata* (« sweetgrass » dans la version originale).

[17] En français dans l’original.

[18] Le mot « majuscule » choisi par Klein est très rarement utilisé en anglais : célébrant l’œuvre d’un peintre francophone, il choisit cette variante pour évoquer le français. Symétriquement, nous suggérons l’anglais dans le poème, en préférant le mot « capitales » pour désigner la majuscule.

[19] En français dans l’original.

[20] En français dans l’original.

[21] Les mots en italique dans ce poème sont en français dans l’original.

[22] Les mots en italique dans ce poème sont en français dans l’original.

[23] Référence à *Das Kapital* de Marx. Comme dans la version originale, nous conservons la graphie allemande.

[24] « Was his name Adam? Was his trade a smith? » dans l'original. Référence à Adam Smith, le calembour avec « smith » (forgeron) est impossible en français, nous y substituons donc une simple allusion.

[25] Pour « bilinguifier » le recueil, nous choisissons la majuscule pour les noms de mois, comme l'exige l'anglais.

[26] Monique Grandmangin avait déjà traduit ce poème de Klein : « La débâcle » est paru dans le n° 17 de la revue *Ellipse* en 1996. Elle a décidé de traduire le nom de la taverne. Nous choisissons plutôt de ne pas le traduire afin d'éviter de masquer la réalité bilingue que Klein décrit.

[27] « Le vocabulaire dont ce poème est composé ne constitue pas tout à fait de l'anglais orthodoxe. Le poème est composé de façon à ce que l'anglophone qui ne comprend pas le français et le francophone qui ne comprend pas l'anglais puissent tous deux le lire (...) chacun des mots qu'il contient ressemble ou s'apparente à un mot français, ou alors il s'agit d'un emprunt. En bref, il s'agit d'un poème bilingue. » Traduction libre des propos de Klein (*Preview*, septembre 1944), cité dans WADDINGTON, Miriam, *A. M. Klein*, Toronto, Copp Clark Pub. Co., 1970, p.110. Si on prenait à la lettre ces dires de l'auteur, le poème « Montreal » n'aurait pas besoin de traduction, ou du moins il nécessiterait le travail le plus limité de traduction. Aussi avons-nous décidé de faire subir la plus petite métamorphose possible au poème « Montréal » pour attester l'ambition de Klein.

[28] Nous choisissons les minuscules en début de vers pour répondre à Klein qui a choisi les capitales, soulignant ainsi l'aspect bilingue du poème (à l'époque la poésie en français commande habituellement les majuscules au début d'un vers et celle en anglais, les minuscules).

[29] La fonction du mot « foliates » est ambiguë dans l'original, notre hypothèse est la suivante : il s'agit d'un adjectif (au sens de « feuillu ») qui mime l'accord du français (les adjectifs s'accordent en français mais pas en anglais). Non seulement le lexique du poème est bilingue, son organisation grammaticale l'est aussi. L'inversion de l'ordre adjectif/nom (par exemple : « archives architecturales ») participe de la même volonté.

30 À l'époque de l'ancien français, le mot « automne » a pris les graphies « autonne » et « autumpnes » (fin du XIIIe siècle). GREIMAS, Algirdas Julien. *Dictionnaire de l'ancien français, jusqu'au milieu du XIVe siècle*, Paris, Larousse, 1969.

31 Cette graphie était régulièrement utilisée au XVIe siècle. GODEFROY, Frédéric, *Lexique de l'ancien français*, Paris, H. Champion, 1968.

32 « Départir » a le sens de « s'en aller » en ancien français. GODEFROY, Frédéric, *Lexique de l'ancien français*, Paris, H. Champion, 1968.

33 Toujours pour souligner l'aspect bilingue du poème, nous accordons la majuscule aux mots « Français » et « Anglais » (au sens de langue française et de langue anglaise) qui n'en prennent pas en français mais en anglais.

34 Ancienne graphie du mot « fonderie » (XIVe siècle), DAUZAT, Albert, Dubois, Jean et Mitterand, Henri, *Nouveau dictionnaire étymologique et historique*, Paris, Larousse, 1972. Nous la choisissons pour être le plus près possible du poème original.

35 Langage héraldique : « guled » (heraldry red) : « de gueule » (rouge).

36 En français, on aurait plutôt tendance à dire « dans la main », mais nous préférons garder la formule anglaise.

37 Pour injecter un peu de français au poème, Klein utilise l'expression double « pissabed dandelion » en traduisant littéralement le mot pissenlit du français à l'anglais. Nous nous adonnons à un jeu linguistique de nature semblable pour évoquer l'anglais du mot pissenlit (dandelion).

38 Voir note 25.

39 « Adder's tongue » dans la version originale : plante dont le nom scientifique est « ophioglosse ». On l'appelle en français « herbe-sans-couture » ou « langue-de-serpent ».

[40] « Pulpit-flowers » dans la version originale, il s'agit d'une variété de plante (*Arisema*) dont la forme rappelle celle d'une oreille de cheval. On l'appelle en français « petit-prêcheur ».

[41] Les mots en italique dans ce poème sont en français dans l'original.

[42] En français dans l'original.

[43] Les mots en italique dans ce poème sont en français dans l'original.

[44] En français dans l'original.

[45] « Vodvil » dans l'original. Klein choisit une graphie étrangère à l'anglais et au français, mais en usage dans certaines langues slaves, qui ont emprunté ce mot au français (de *vault de ville* 1507). Nous conservons cet emprunt.

[46] « Epopic » dans l'original. Ce mot n'existe pas en anglais, Klein gallicise le mot « epic » par l'ajout de la syllabe centrale, évoquant ainsi le nom français « épopée ».

[47] Viande séchée dont se nourrissaient les voyageurs et les draveurs au XIXe siècle et dont se nourrissent les Amérindiens aujourd'hui. (*Dictionnaire Larousse des canadianismes*).

[48] Même si ce titre ne prend pas la majuscule en français, nous la conservons pour germaniser le texte.

[49] En français dans l'original.

[50] Les mots en italique dans ce poème sont en français dans l'original.

[51] En français dans l'original.

[52] Comme Klein a choisi un titre bilingue pour ce poème (« Annual Banquet: Chambre de Commerce »), nous croyons devoir en faire autant.

[53] « Montréal » et ce poème sont les seuls pour lesquels Klein choisit la majuscule en début de vers. Comme pour la traduction de « Montréal », nous choisissons les minuscules en début de vers par souci de symétrie et pour respecter la volonté de Klein d'injecter au recueil une mesure bilingue.

[54] Référence au *Paradis* de Dante : « Ô l'amour qui meut le soleil et les autres étoiles » (dans « Paradiso XXXVII », traduction de Jacqueline Risset).

[55] Le titre du poème renvoie au titre de l'œuvre de James Joyce, auteur très étudié par Klein, *Portrait of the Artist as a Young Man*.

[56] « Bereaved with bartlett » dans la version originale. John Bartlett est l'auteur du dictionnaire *Familiar Quotations*. Comme les aphorismes francophones ne viennent pas d'un dictionnaire de la langue anglaise, il faut donc convertir l'expression : le lecteur francophone reconnaît le nom « Larousse ».

[57] « Référence à *L'enfer* de Dante, où chaque cercle correspond à un acte punissable. Il y avait en tout sept cercles, selon Aristote. » Traduction libre d'une citation de Klein, reproduite dans la note accompagnant le poème dans l'édition préparée par Zailig Pollock.

[58] En français dans l'original.

La chaise berçante a été composé
en caractères Minion corps 11 et achevé d'imprimer
par l'imprimerie Gauvin
le dixième jour du mois de février de l'an deux mille onze
pour le compte des Éditions du Noroît
sous la direction littéraire de Paul Bélanger.

FSC www.fsc.org
MIXTE
Papier issu de sources responsables
FSC® C100212